シンポジウム

米中激突、揺れる国際秩序
――問われるメディアの分析力・洞察力――

公益財団法人 新聞通信調査会 編

シンポジウム
米中激突、揺れる国際秩序
―― 問われるメディアの分析力・洞察力 ――

寺島実郎・一般財団法人日本総合研究所会長による基調講演の模様＝2018年11月6日、東京・内幸町のプレスセンターホール

パネルディスカッションの模様。(左から)松本真由美、三浦瑠麗、柯隆、ロビン・ハーディング、杉田弘毅の各氏

── 第 **1** 部 ── 基調講演

世界の構造変化への視座
――注視すべき地政学的ポイント

||||||||||||||||

寺島実郎 てらしま・じつろう

一般財団法人日本総合研究所会長

1947年北海道生まれ。早大大学院卒。米国三井物産ワシントン事務所長などを経て99年から三井物産戦略研究所所長。2001年財団法人日本総合研究所理事長、09年4月から多摩大学学長、16年より現職。「新経済主義宣言」(新潮社、石橋湛山賞受賞)、「脳力(のうりき)のレッスンI〜V」(岩波書店)、「ジェロントロジー宣言『知の再武装』で100歳人生を生き抜く」(NHK出版新書)など著書多数。

第2部 ─── パネルディスカッション

米中激突、揺れる国際秩序
―問われるメディアの分析力・洞察力―

パネリスト

国際政治学者

三浦瑠麗
みうら・るり

1980年神奈川県生まれ。東京大学卒、東大大学院法学政治学研究科総合法政専攻博士課程修了。東大政策ビジョン研究センター講師。青山学院大兼任講師。著書に「シビリアンの戦争」（岩波書店）、「日本に絶望している人のための政治入門」（文春新書）、「『トランプ時代』の新世界秩序」（潮新書）など。共同通信社の第三者機関「報道と読者」委員会委員、読売新聞読書委員も務める。

パネリスト

柯 隆
か・りゅう

東京財団政策研究所主席研究員

1963年中国・南京市生まれ。名古屋大大学院修了。94年長銀総合研究所入社、国際調査部研究員として中国の金融制度調査や電力などのインフラ産業の調査に携わる。98年より富士通総研経済研究所主任研究員、2009年同研究所主席研究員。18年4月から現職。静岡県立大学特任教授も務める。著書に「中国が普通の大国になる日」（日本実業出版社）、「中国『強国復権』の条件」（慶應義塾大学出版会）など。

ロビン・ハーディング Robin Harding

フィナンシャル・タイムズ東京支局長

英国北東部ダラム出身。ケンブリッジ大および一橋大の経済学士修得。銀行、アセットマネジメント、公共政策研究など、主に金融関連業界でキャリアを積み、ジャーナリストへ転身。2014年より現職として、日本の経済、政治、外交記事を担当。米国ワシントンDC支局での勤務経験もあり、連邦準備制度理事会（FRB）から国際通貨基金（IMF）まで、米国経済および国際経済について幅広く取り上げた。

パネリスト

杉田弘毅 すぎた・ひろき
共同通信社特別編集委員

1957年生まれ。一橋大卒。1980年共同通信社入社。91年テヘラン支局長、2005年ワシントン支局長、13年編集委員室長、16年論説委員長。早稲田大学大学院講師、日本記者クラブ企画委員も務める。著書に「検証　非核の選択」(岩波書店)、「アメリカはなぜ変われるのか」(筑摩新書)、「『ポスト・グローバル時代』の地政学」(新潮社)、監訳「新大陸主義」(潮出版)など。

コーディネーター

松本真由美
まつもと・まゆみ

東京大学教養学部客員准教授

熊本県出身。上智大学外国語学部卒業。大学在学中にテレビ朝日の報道番組のキャスターになったのをきっかけに、報道番組のキャスター、リポーター、ディレクターとして幅広く取材活動を行う。2008年より東京大学における研究、教育活動に携わる。東京大学での活動の一方、講演、シンポジウム、執筆など幅広く活動する。

基調講演を聴くパネリストら

パネルディスカッションの模様。(左から)松本真由美、三浦瑠麗の両氏

(左から)柯隆、ロビン・ハーディング、杉田弘毅の各氏

シンポジウム

米中激突、揺れる国際秩序
―― 問われるメディアの分析力・洞察力 ――

公益財団法人 新聞通信調査会

シンポジウム
米中激突、揺れる国際秩序
―問われるメディアの分析力・洞察力―

主催者あいさつ

公益財団法人 新聞通信調査会
理事長 西沢 豊

　皆さま、こんにちは。ご紹介いただきました公益財団法人新聞通信調査会理事長の西沢でございます。本日は「米中激突、揺れる国際秩序　問われるメディアの分析力・洞察力」と題してシンポジウムを企画しましたところ、このように大勢の皆さまにご来場いただきまして、誠にありがとうございます。

さてこの秋、日本記者クラブで経済学者の野口悠紀雄先生のお話を聞く機会がありました。野口先生は平成について、「日本経済が世界から取り残されたのが平成時代」と、厳しい総括をされておりました。一方、今から10年ほど前には『米中経済同盟を知らない日本人』(山崎養世著、徳間書店)と題する本が出版され、日本人の国際認識の甘さが揶揄されもしました。ところが、トランプ米大統領が仕掛けた、このところの米中貿易戦争はどうでしょうか。

　米国は2017年12月に発表した「国家安全保障戦略」で、中国、ロシアとの対決姿勢を明確にしました。また、ペンス副大統領は去る10月4日、保守系シンクタンクのハドソン研究所で演説し、激しい中国批判を展開しました。こうした動きは単に貿易だけでなく、世界覇権を巡る「米中新冷戦」の始まりではないか、と捉える向きもございます。大きく揺れ動き始めた国際情勢の中で、日本の立ち位置、外交政策が問われるのは言うまでもありません。

　トランプ政権の今後を占う米中間選挙(18年11月6日)はまもなく投票が始まり、明日には結果が判明します。今回のシンポジウムはこうした絶妙のタイミングで開催することができました。第1部は一般財団法人日本総合研究所会長の寺島実郎先生に基調講演をお願いし、第2部のパネルディスカッションでは、米国政治に詳しい国際政治学者の三浦瑠麗先生、中国経済がご専門の東京財団政策研究所主席研究員の柯隆先生、そしてフィナンシャル・タイムズのロビン・ハーディング東京支局長、共同通信の杉田弘毅特別編集委員の4人をパネリストにお迎えし、ご議論していただきます。コーディネーターは東京大学客員准教授の松本真由美先生にお願いします。どうぞご期待ください。

　最後になりますが、大変ご多忙な中、出席を快諾していただいた寺島先生ほかパネリストの皆さまには、この場をお借りして厚くお礼を申し上げ、シンポジウム開会に当たっての主催者あいさつといたします。ありがとうございました。

目次

シンポジウム
米中激突、揺れる国際秩序 ── 問われるメディアの分析力・洞察力 ──

主催者あいさつ ………………………………………………………………… 3
公益財団法人 新聞通信調査会 理事長　西沢 豊

シンポジウム開催概要 ………………………………………………………… 7

第1部 ── 基調講演

世界の構造変化への視座
── 注視すべき地政学的ポイント

寺島実郎　一般財団法人日本総合研究所 会長

戦慄くような怒り ………………………………………………	12
運命の5年間 ……………………………………………………	14
この国を衰亡させないためのシナリオ ………………………	15
日米関係は米中関係 ……………………………………………	17
IMFの見方が微妙に変化 ………………………………………	19
成果を上げているエビデンスが必要 …………………………	21
グレーター・チャイナ、連結の中国 …………………………	23
デジタル・ディクテイターシップ ……………………………	25
日本の現実 ………………………………………………………	27
データを支配するものが全てを支配する ……………………	29
基盤インフラがとんでもないほど劣化している ……………	31
顔色が変わる台湾 ………………………………………………	33
中国は北朝鮮に首輪を着けた …………………………………	35

第2部 パネルディスカッション

米中激突、揺れる国際秩序
―問われるメディアの分析力・洞察力―

パネリスト

三浦瑠麗 国際政治学者
柯 隆 東京財団政策研究所主席研究員
ロビン・ハーディング フィナンシャル・タイムズ東京支局長
杉田弘毅 共同通信社特別編集委員

コーディネーター

松本真由美 東京大学教養学部客員准教授

- **1. プレゼンテーション** ……………………………………………… 41
  - トランプの米国は何を目指すのか ……………………………… 43
  - なぜ見込み違いが生じたのか …………………………………… 45
  - 本能に従って外交政策を決める ………………………………… 47
  - 変動する世界の中で描く世界秩序 ……………………………… 48
  - 「三つの罠」にはまりつつある中国 …………………………… 49
  - 誰が中国人を養うのか …………………………………………… 53
  - 目指すはリー・クアンユー時代のシンガポール ……………… 55
  - 米中貿易戦争はどうなるのか …………………………………… 61
  - 世界の根本的な変化に対する報道が不十分 …………………… 64
  - 関心ないテーマのカバレッジが少ない日本メディア ………… 67
  - 事件が持つ意味の理解が遅いのではないか …………………… 71
  - 米中問題の報道ぶりに疑問 ……………………………………… 77
  - 世界をリードする国は米国と中国どちらがいいか …………… 80
  - 現象を切り取って報じているだけ ……………………………… 81
- **2. 質疑応答** ……………………………………………………………… 83
  - 大型減税は経済史に残る業績 …………………………………… 83
  - 米中貿易戦争の本当のきっかけは何か ………………………… 85
  - 習近平には相当なストレスが掛かっている …………………… 87
  - 米国ファーストは原因ではなく病状 …………………………… 89
  - 日本に一番欠如しているのがシンクタンクの力 ……………… 92
  - ジャーナリズムの在り方とは …………………………………… 94

> 編集後記

日米関係は米中関係 …………………………………………………………………… 97
　　倉沢章夫　公益財団法人　新聞通信調査会　編集長

公益財団法人　新聞通信調査会概要 ……………………………………………… 99
新聞通信調査会が出版した書籍 …………………………………………… 102

> シンポジウム開催概要

題名　米中激突、揺れる国際秩序―問われるメディアの分析力・洞察力―
主催　公益財団法人　新聞通信調査会
会場　プレスセンターホール(日本プレスセンタービル10階)
　　　東京都千代田区内幸町2―2―1
日時　2018年11月6日　13:30～17:00(13時受け付け開始)
内容　第1部　基調講演　13:35～14:45
　　　第2部　パネルディスカッション　15:00～17:00

【表紙の写真】
(表紙)北京の人民大会堂で歓迎式典に臨むトランプ米大統領(右)と中国の習近平国家主席＝2017年11月(共同)
(裏表紙、上)米ホワイトハウスで記者会見するトランプ大統領(右)と、質問するCNNのジム・アコスタ記者(左端)＝2018年11月(ロイター＝共同)
(裏表紙、下)「一帯一路」をテーマにした国際会議の首脳会合を終え、記者会見する中国の習近平国家主席＝2017年5月、北京(共同)

第1部

基調講演

世界の構造変化への視座
―― 注視すべき地政学的ポイント

寺島実郎
一般財団法人日本総合研究所 会長

世界の構造変化への視座
注視すべき地政学的ポイント

寺島実郎
一般財団法人日本総合研究所 会長

寺島実郎氏

　寺島でございます。この後、行われるパネルディスカッションの前提になる世界認識というか時代認識について、若干でも参考になるような話ができればと思います。緑色の表紙の「寺島実郎の時代認識（2018年秋号）」という資料集が配られていると思います。統計の数字がどんどん新しくなるものですから、年に4〜5回この資料集を切り替えていまして、必要とする箇所を見ながら、後で考える材料にしてもらいたいと思います。

　この資料集の表紙に「特別添付資料」というのがあります。61ページ以降に「2018年　エネルギー地政学の新局面」というリポートが付いていますが、これ

は今日のシンポジウムにも大変関係のあるリポートです。私は今年（18年）8月末、ウィーンで行われた中東協力現地会議で12回目となる基調講演をしましたが、その時に手元へ置いていた資料とデータが収録されています。ユーラシアの地政学が今、どう動いているのかとか、中東エネルギー問題に関心のある方は後で体系的にこのリポートを見ていただければ、私の話の補足になるのではないのかなと思います。

戦慄くような怒り

　70分の講演ですので、できるだけ集約して今日の「米中」という問題意識に近づいていきたいと思います。余談みたいなものですが、先月10月を振り返って、奇妙な講演とかパネルディスカッションに参画する機会が何回かありました。夏は9月まで海外出張が多くて、米国西部、東部、欧州、アジアといろいろと動いてきたのですが、先月は比較的日本にいまして不思議な会に幾つか参加しました。

　10月の初めごろですが、京都の立命館大学で（評論家の）加藤周一さんの没後10周年の大会が行われました。加藤さんの研究者とかリベラルな思想家みたいな人たちが一堂に会しているような会で、2時間にわたり加藤さんについてかなり根性を入れて話す機会がありました。私はたった一度だけ、加藤さんと対談する機会がありました。2003年のイラク戦争が始まった直後で、加藤さんは当時85歳でしたが、僕なりに強烈な印象を受けた思い出があります。あの時、彼は「戦慄（わなな）くような怒り」ということを僕に言い、直感的に目の前に繰り広げられている不条理に「怒る力を失ったら社会科学なんか勉強したってしょうがないんだ」みたいなことをぶつけられて、ドキリとした思い出があります。

　先月、もう一つ極めて奇怪な会で話をする機会がありました。「田中角栄生誕100周年記念事業」というのが（東京・大手町の）経団連会館で行われ、なんと

田中真紀子さんといわゆるトークショーというか、2人で徹底的に田中角栄について議論する機会がありました。田中角栄は彼女にとってお父さんですから、また違った文脈での田中角栄論が議論されたわけです。

加藤周一氏（共同）　　田中角栄元首相（共同）

　何事も「つながり」というのが非常に重要だと思いました。加藤さんは『羊の歌―わが回想―』（岩波新書）なんかで、「年齢とともに物事のつながりが見えるようになった」という言葉を使っています。私自身もそう思います。フィールドワーク、体験と文献研究が相関して物事のつながりや歴史的な脈絡が次第につながって見えてくるようになるのが「知性」だと思います。

　田中角栄と加藤周一、似ても似つかない存在です。かたや保守の政治家で、戦後の日本に大きな影響を残した。かたや戦後知識人の中でも、際立って世界を見る目線を持っていたリベラルな思想家です。ところが、調べているうちにはたと気付いた。この2人は同世代です。加藤周一さんは1919年生まれ、田中角栄さんは（生誕）100年ですから18年に生まれた。たった1歳違いの同世代です。田中角栄の『日本列島改造論』も含めて「角栄本」というのを読み返してみましたが、似ても似つかない立ち位置にあった2人ですが、実は20世紀の同じ時代を生き抜いた目線の中に、同世代、同時代の歴史を目撃して生きた人間の、ある種の共通性があることに気が付きました。

　一つは戦争です。田中角栄は一兵卒、2等兵として2年間、満州での体験を持っています。ノモンハン事件を横目で見ながら、同僚が死んでいくのを体験する。彼自身は肺炎になって日本に送り返され、命拾いをして帰ってくる。新橋駅の所に担架で放っておかれ、（当時）21歳の田中角栄は「俺はここで死ぬんだな」と思ったと書き残しています。彼の目線の中に、軍隊の生活の残虐さや古参兵にいじめられ、殴られ、悲惨な思いをした思い出、戦争の恐怖というものが染み付いていて、それが保守政治家としての田中角栄の背骨の中に残っていることがよく分かります。

加藤周一氏は驚くべきエリートで、東大の理三、つまりお医者さんとして東大病院の先生、医師として戦争体験をした。あの（45年）3月10日の東京大空襲で担ぎ込まれてくる患者と格闘したというのが、加藤さんの戦争の思い出です。その後、上田に疎開し、結核療養所の先生として終戦を迎えますが、彼は連合国軍総司令部（GHQ）の人たちと一緒に2ヵ月間、原爆投下後の広島に入って戦争というものを直視しています。

　われわれの世代、私はあくまでも戦後生まれの日本人ですから、戦争を知らない子どもたちとして、どこかにヤワさを持っている。加藤さんの理論の中には戦争をリアルな体験として目撃した人の、引き継いでいかなければいけないメッセージがあり、それが加藤さんと田中さん2人の中に共有しているものだという思いで向き合った。

　もう一点が中国で、今日の議論にもここでつながってくるわけです。この世代の人たちは中国に対して、心のどこかで「じくじたる思い」というのがある。日本の近代史の中で、どう中国と向き合ってきたかということに対して、大きなわだかまりと、表層的な意味での「謝罪」という言葉では言い切れない、ある種の後ろめたさを共有しているというか、中国に対するスタンスに微妙な共鳴心が働いているな、という部分があります。昭和天皇が回想録の中で、日本近代史の総括として「われわれは中国を侮った」という言葉を使っていますが、それに近いフィーリングを彼らの中国に関する議論の中に感じ取れます。

運命の5年間

　今から約100年前には第1次世界大戦があった。1914年に始まり19年のベルサイユ会議までの5年間は——私は岩波書店『世界』で連載を続けている論稿の中で「運命の5年間」という言葉を使っていますが——日本近代史にとって運命の5年間だったというふうに思います。日本自身が植民地にされてしまうかもしれないという恐怖心の中で開国と維新を迎え、次第に富国強兵で力を付けていくうちに、「自信」が「過信」になり、中国に対するスタンスも変わっていった。

　1915年に「対華二十一ヵ条要求」がありましたが、第1次世界大戦への参戦はドイツの山東利権を狙ったわけです。日本近代史を共有しておられる方はピンと

くると思いますが、ドイツと敵対する理由は何もなかった。大英帝国との「集団的自衛権」を根拠に日本は参戦した。明治という時代に日本の留学生の半分がドイツにお世話になり、ドイツをモデルに国造りに動くなど、散々お世話になった。にもかかわらず、ドイツの南洋諸島の権益と山東利権を奪い取るチャンスだといって、英国がたしなめるのも聞かずに参戦した。今から100年前、日本は植民地帝国路線に反転していったわけです。

　第2次世界大戦、太平洋戦争をなぜ避けられなかったのか、という議論が盛んに繰り返されます。真珠湾攻撃の直前の3、4年をどんなに掘り下げても、たとえ私自身があの時代の日本の責任者だったとしても、あの戦争を避けられた自信がないと言いますか、追い詰められていっただろうと思います。今から100年前、インドや中国でいわゆる新しい動きが出てきた中で、日本がアジアを代弁するような形で針路を取っていたら歴史の流れは変わっていたのではないか。そんなことを思いながら、加藤周一、田中角栄の足跡を確認するような作業に参画した。

　冒頭の余談が長過ぎてはいけないのですが、もう一つ。約4万人の会員で構成する土木学会から講演を頼まれたことがありました。タイトルは「22世紀の国づくりへの期待とリスク」でした。21世紀ではなく22世紀です。21世紀もおぼつかないのに22世紀の話などしてもどうかと思うわけですが、じっくり考え直してみました。私の著書に『一九〇〇年への旅―あるいは、道に迷わば年輪を見よ』という新潮社からの本があります。20世紀とは何だったのかを懸命に7、8年にわたって追い掛けた連載をまとめたものです。22世紀を展望する、要するに100年先を展望するには、100年後ろを振り返る知的基盤がなければ22世紀なんか議論できないという思いで、先ほどの「運命の5年間」を含め100年を振り返った話をしたわけです。22世紀を議論するということは、「人間機械融合論」なんていう表現がありますが、人工知能（AI）が人間を超えるシンギュラリティー（技術的特異点）やデジタル・エコノミー時代など、新しいステージに入っていることを、どこまで視界に入れるのかということが非常に重くなります。

この国を衰亡させないためのシナリオ

　この資料集（「寺島実郎の時代認識」）の裏表紙に出ていますが、一番直近に出

第1部　基調講演

人口構造の急速な成熟化を衰亡にしない知恵　◆参照:脳力のレッスン194（P.122-）

① 2008年1.28億人でピークアウト、2053年に1億人割る、2060年9,095万人（平成29年推計出生・死亡中位）
　　2100年4,959万人に収斂（厚労省中位予測、2012年1月）
　　※3.11による急減：1億2,665万人/2012年3月末（▲26.4万人　3年連続減少）
　（注）日本の人口が1億人を超えたのは1966年、4,959万人前後だったのは1911年
　（注）中国の人口：2005年1月6日に13億人超、2017年には13.9億人（推計）、2050年に14.5〜17億人
② 65歳以上人口比重：2013年25.1%→18年3月27.9%、25年3割超、50年4割近く
　　＊1900年の時点では5%にすぎなかった、終戦直後も5%程度
③ 昭和20年の終戦の年以降に生まれた戦後世代が65歳に到達：「団塊の世代」の高齢化局面へ
　　＊2014年　人口の8割が戦後生まれに

┌───
│「異次元の高齢化」の意味
│・人口の4割が65歳以上＝有権者人口の5割＝現実の投票人口の6割となる可能性
│　　──「シルバー・デモクラシー」の行方の危うさ
│　　──老人の老人による老人のための政治
│　　　（老人が戦争を起こし、若者が戦争に行くという現実）
│・医療費42兆円の59%が65歳以上（70歳以上だけで48%）[2015年度]
│　　──「未病化」（病気にさせない医療）は大切だが、何を健常者というのか
│　　──難しい老人の精神疾患
│・都会の高齢化と田舎の高齢化の違い
│　　──至近距離に一次産業があることの意味
│　　──大切なのは、老人が参画できる社会の設計
│
│100歳人生に耐える「知の再武装」…何を武装するべきか？
│・レジリエンス（心の回復力）
│・ジェロントロジー（gerontology）＝「高齢化社会工学」
│　　　　　　　　　　　　　（高齢者を生かしきる社会システムの制度設計）
│
│（参考）65歳以上就業者数：807万人（男483万人、女324万人）《2017年》
└───

日本の総人口・65歳以上人口の割合の推移

	2008年（ピーク）1億2,809万人	
1966年 1億人突破	総人口	2053年（中位推計）1億人割る
		38.0%
6.6%		38.4%
	65歳以上人口	

年	4.9	5.7	7.1	9.1	12.1	17.4	23.0	28.9	31.2	35.3	37.7	38.1
	1950	60	70	80	90	2000	10	20	30	40	50	60 65（年）

人口推計及び将来人口推計【平成29年推計】

	総人口	65歳以上	80歳以上	100歳以上 (人)
2018年(8月1日)	1億2,649万	3,551万 / 28.1%	1,102万 / 8.7%	7万
2020年	1億2,533万	3,619万 / 28.9%	1,161万 / 9.3%	8万
2030年	1億1,913万	3,716万 / 31.2%	1,569万 / 13.2%	19万
2040年	1億1,092万	3,921万 / 35.3%	1,578万 / 14.2%	31万
2050年	1億0,192万	3,841万 / 37.7%	1,607万 / 15.8%	53万
2060年	9,284万	3,540万 / 38.1%	1,774万 / 19.1%	48万
2065年	8,808万	3,381万 / 38.4%	1,703万 / 19.3%	55万

※出生・死亡中位

日本の産業別就業者構成比の推移 (%)

	一次産業	二次産業	三次産業
1950年	48.6	21.8	29.7
1970年	19.3	34.1	46.6
1990年	7.2	33.5	59.4
2017年	3.4	23.8	71.2

31

「寺島実郎の時代認識」31ページ

した本が『ジェロントロジー宣言』(NHK出版)です。日本は2050年ごろに人口が1億人を割ると言われています。1億人を超えたのが1966年、前の東京オリンピックの2年後です。この資料集でいうと31ページから32ページにかけて、その本に関連していることが出ています。66年に1億人を超えた人口が2008年に1億2800万人でピークアウトした。「日本民族」という言葉があるとしたら、われわれはこの民族の人口の山頂に立ち会った。もうすでにピークから200万人減っています。早ければ48年、遅くとも53年に1億人を割ると言われているのが、31ページ左下に出ているグラフです。(人口が)1億人を超した1966年の65歳以上人口は6.6％、660万人しかなかったけど、1億人を割る瞬間(2053年)には38％、約4千万人になる。まるで意味が違う。

　22世紀となると、話はもっとすさまじいことになってきます。22世紀を迎える頃、日本の人口は約6千万人と推計されています。つまり1億2800万人でピークアウトした人口が半分になるということです。約100年後、いわゆる22世紀を迎える頃です。今から100年前の日本の人口は、わずか4300万人でした。4300万人だった人口を1億2800万人まで増やしたのが、日本民族の20世紀から21世紀初頭にかけての動きで、ここから6千万人前後に人口が収束していく「異次元の高齢化社会」に入る。人口が減るからといって民族が衰亡するとは単純には言い切れませんが、人口のエネルギーという面もあるわけです。この国を衰亡させないための21世紀のシナリオは、ものすごく知恵がいるということだけは確かです。

日米関係は米中関係

　米中関係に視点を置いた話にこれから入っていきます。「日米中トライアングル」という言葉があります。この日米中トライアングルの過去100年間の歴史について、僕は何冊か本を出しています。戦前に関しても『ふたつの「FORTUNE」―1936年の日米関係に何を学ぶか』(ダイヤモンド社)という本の中で、なぜ日本は戦争に追い込まれたのかということをワシントン駐在時代に書いています。

　学生たちと話していると分かりますが、「アジア太平洋戦争」あるいは「第2次世界大戦」といわれた戦争で、日本が負けたという記憶を持っている人間がど

中国の鄧小平副首相と会談する国際文化会館理事長の松本重治氏（左）＝1979年10月23日、北京・人民大会堂（共同）

んどん少なくなっている。アジア太平洋戦争はどこに負けたのかというと、間違いなく米国に敗戦したと思い込んでいます。だけど正確に歴史の知識を踏み固めるならば、米中の連携に敗れたと言えます。このことが持つ意味はとても重い。（ジャーナリストの）松本重治さんがよく言っていましたが日米関係は米中関係だと。つまり、米国と中国の関係によって日米関係は揺さぶられるということを歴史の教訓としてくどいほど言っていたのが、メディアのOBでもあった松本重治さんだった。20世紀を振り返って、彼の言葉は至言だなと思います。

　私の『ふたつの「FORTUNE」』はヘンリー・ルースという（メディア・娯楽大手）タイム・ワーナーの創始者のことを追い掛けた本です。彼は蔣介石を支援し、親中国派というよりも戦後、親台湾派となった人で、この人物によって、戦前の日米中トライアングルの歴史が大きく揺さぶられたことを検証しています。もし「米中蜜月」ということになったら、立ち尽くし戸惑うのは日本である。常に日本は米中関係がどうなっているのかによって揺さぶられます。戦後の日本が今日まで歩んでこられたのは、1949年に中国が二つに割れたことが大きかった。

　戦前から戦後にかけて、ワシントンで親中国派の中心にいたヘンリー・ルースが、長年の友人であった蔣介石が台湾に追い詰められたことに衝撃を受けて親台湾派になったことで、米国の対中政策は70年代に入るまで影響を受けました。中国本土の、つまり毛沢東の政権を承認できなかったヘンリー・ルースが死ぬまでです。したたかな英国は、香港問題があったから49年の段階で本土の中国を承認し、米国とは大きな温度差で中国に向き合います。こう考えたら、私の言っている意味が分かります。

　もし、中国本土を蔣介石が掌握し続けていたら、日本の戦後復興は少なくとも30年後ろにずれこんでいたと言われているし、私もそう思います。なぜなら、米

国の戦後の対アジア政策は、中国に対しての支援、投資を軸にして動いたと思うからです。ところが中国が二つに割れて朝鮮戦争が起こったことから、米国にとって日本というカードの意味が変わってきた。日本を戦後復興させて、西側陣営に取り込んでいこうというシナリオが浮かんできた。われわれはそれを大きな追い風として戦後の復興成長ができたと考えたら、松本重治が日米関係は米中関係だと言い続けてきたことの意味が、この事例を振り返ってみても浮かんでくるだろうと思います。

IMFの見方が微妙に変化

　そういった歴史認識に立ちながら、幾つか事実を確認しておきます。これからの針路に関して、一番重要になります。この資料集でいうと49ページから50ページです。49ページは詳しく話し始めるときりがないのですが「IMFの世界経済見直し　10月版」が1枚紙で配られていると思います。国際通貨基金（IMF）が3カ月置きに世界経済見通しを改定していることは皆さんご存じだと思います。大方のエコノミストが世界経済をこう見ていますよというときに、IMF見通しというのは一種の基盤認識みたいなもので、そこから物事を考えるという意味においては非常に重要です。今日は世界経済が狙いではありませんから、この10月版と7月版を後でじっくり対比しながらお考えになってください。

　IMFの見方が微妙に変化して、2018年の見通しを0.2ポイント下方修正してきた。その理由の一つが米中貿易戦争で、顕在化してきているリスクとして認識している。それから欧州リスクです。ドイツの求心力が衰え、イタリアの財政不安が重なって、欧州について下方修正してきています。加えて新興国リスク。米国の長期金利が上がると金が新興国から米国に還流し、世界経済が後退してきていると見ているのが10月版と言っていいと思います。

　その段階で見ていただきたいのは15年、16年にブラジル、ロシアは2年連続のマイナス成長、中国、インドは比較的堅調に持ちこたえたように、BRICSが二つに割れたことです。17年にはマイナス成長だった二つの国がプラス成長を遂げた。17年、18年を縦にご覧になったら分かりますけども、世界同時好況、マイナス成長というゾーンがない不思議なサイクルの中を今、走っています。

【添付資料４】

IMFの世界経済見通し

(2018年10月発表)

実質GDP(前年比%)

		2009年	10年	11年	12年	13年	14年	15年	16年	17年	18年見通	19年見通	20年見通
世界(市場レートベース)	①	▲2.0	4.1	3.1	2.5	2.6	2.8	2.8	2.5	3.2	3.2	3.1	2.9
世界(購買力平価ベース)	②	▲0.1	5.4	4.3	3.5	3.5	3.6	3.5	3.3	3.7	3.7	3.7	3.7
先進国	③	▲3.3	3.1	1.7	1.2	1.4	2.1	2.3	1.7	2.3	2.4	2.1	1.7
米国	④	▲2.5	2.6	1.6	2.2	1.8	2.5	2.9	1.6	2.2	2.9	2.5	1.8
ユーロ圏	⑤	▲4.5	2.1	1.6	▲0.9	▲0.2	1.4	2.1	1.9	2.4	2.0	1.9	1.7
ドイツ	⑥	▲5.6	3.9	3.7	0.7	0.6	2.2	1.5	2.2	2.5	1.9	1.9	1.6
イギリス	⑦	▲4.2	1.7	1.4	1.4	2.0	2.9	2.3	1.8	1.7	1.4	1.5	1.5
日本	⑧	▲5.4	4.2	▲0.1	1.5	2.0	0.4	1.4	1.0	1.7	1.1	0.9	0.3
新興国	⑨	2.8	7.4	6.4	5.3	5.1	4.7	4.3	4.4	4.7	4.7	4.7	4.9
アジア	⑩	7.5	9.6	7.9	7.0	6.9	6.8	6.8	6.5	6.5	6.5	6.3	6.4
中国	⑪	9.2	10.6	9.5	7.9	7.8	7.3	6.9	6.7	6.9	6.6	6.2	6.2
インド	⑫	8.5	10.3	6.6	5.5	6.4	7.4	8.2	7.1	6.7	7.3	7.4	7.7
ASEAN5	⑬	2.4	6.9	4.7	6.2	5.1	4.6	4.9	4.9	5.3	5.3	5.2	5.2
ラテンアメリカ	⑭	▲2.0	6.1	4.6	2.9	2.9	1.3	0.3	▲0.6	1.3	1.2	2.2	2.7
ブラジル	⑮	▲0.1	7.5	4.0	1.9	3.0	0.5	▲3.5	▲3.5	1.0	1.4	2.4	2.3
CIS	⑯	▲6.3	4.6	5.3	3.7	2.5	1.1	▲2.0	0.4	2.1	2.4	2.4	2.4
ロシア	⑰	▲7.8	4.5	5.1	3.7	1.8	0.7	▲2.5	▲0.2	1.5	1.7	1.8	1.8
MENA	⑱	0.8	4.8	4.5	4.9	2.4	2.7	2.4	5.2	1.8	2.0	2.5	2.9
サブサハラ	⑲	3.8	7.1	5.1	4.6	5.2	5.1	3.3	1.4	2.7	3.1	3.8	3.9
(参考)実質世界貿易(商品)	⑳	▲11.7	14.4	7.4	2.8	3.2	2.9	2.0	2.1	5.4	4.4	4.1	4.1

※⑬ASEAN5:インドネシア、マレーシア、フィリピン、タイ、ベトナム
※⑱MENA:中東、北アフリカの21カ国(含 イラン、イラク)

(参考)見通しの推移

【2015年】
	14/07	...	17/04
世界	4.0%	...	3.4%
米国	3.0%	...	2.6%
ユーロ圏	1.5%	...	2.0%
日本	1.1%	...	1.2%
中国	7.1%	...	6.9%
ロシア	1.0%	...	▲2.8%

【2016年】
	15/04	...	18/10
世界	3.8%	...	3.3%
米国	3.1%	...	1.6%
ユーロ圏	1.6%	...	1.9%
日本	1.2%	...	1.0%
中国	6.3%	...	6.7%
ロシア	▲1.7%	...	▲0.2%

【2017年】
	16/10	17/01	17/04	17/07	18/01	18/04	18/07	18/10
世界	3.4%	3.4%	3.5%	3.5%	3.6%	3.7%	3.8%	3.7%
米国	2.2%	2.3%	2.3%	2.1%	2.2%	2.3%	2.3%	2.2%
ユーロ圏	1.5%	1.6%	1.7%	1.9%	2.1%	2.4%	2.3%	2.4%
日本	0.6%	0.8%	1.2%	1.3%	1.5%	1.7%	1.7%	1.7%
中国	6.2%	6.5%	6.6%	6.7%	6.8%	6.8%	6.9%	6.9%
ロシア	1.1%	1.1%	1.4%	1.4%	1.8%	1.5%	1.5%	1.5%

【2018年】
	17/01	17/04	17/07	18/01	18/04	18/07	18/10
世界	3.6%	3.7%	3.7%	3.9%	3.9%	3.9%	3.7%
米国	2.5%	2.5%	2.1%	2.3%	2.7%	2.9%	2.9%
ユーロ圏	1.6%	1.6%	1.8%	2.2%	2.4%	2.2%	2.0%
日本	0.5%	0.6%	0.7%	1.2%	1.2%	1.0%	1.1%
中国	6.0%	6.0%	6.0%	6.5%	6.6%	6.6%	6.6%
ロシア	1.2%	1.4%	1.6%	1.7%	1.7%	1.7%	1.7%

(参考)【GDPの構成比】【2016年】

	民間消費支出	政府消費支出	総固定資本形成	財貨・サービス純輸出
日 本	56%	20%	24%	1%
米 国	69%	14%	20%	▲3%
イギリス	66%	19%	17%	▲2%
ブラジル	64%	20%	16%	0%
ロシア	53%	19%	20%	5%
インド	59%	12%	28%	▲1%
中 国	39%	14%	42%	5%

(出所) IMF: World Economic Outlook Database (October, 2018)、総務省統計局

「寺島実郎の時代認識」別紙

成果を上げているエビデンスが必要

　中国は2017年、6.9％成長という高い数字を出してきた。これは柯隆さんが専門家ですから後でお話しになると思いますが、私の見方をあえて言っておくと、この春に行われた全国人民代表大会（全人代）で、憲法を改正してまで国家主席の任期制限を撤廃した。国家主席の任期は10年（任期5年、2期まで）でしたが、これは習近平という人が第3期、第4期も狙っていることだけは間違いないというか、「習近平の毛沢東化」という言葉さえちらつきます。つまり終身政権を狙っているのかという勢いで強権化しています。こういう状況にある政権には実績がいる。余人を持って代え難い人物であるという評価が必要です。経済的にも外交安全保障的にも成果を上げているというエビデンスがいる。この「6.9」という数字は、われわれから見ると「元の木阿弥」という言葉しか思い浮かびません。

　習近平政権がスタートした頃は「新常態」（ニューノーマル）と言っていた。中国の国内総生産（GDP）を分析している人間なら誰もが気が付きますが、中国のGDPの構成は「政府固定資本形成」といって、インフラ投資でGDPを膨らませてきた傾向が強い。新常態というのは民間主導型に切り替えるという意味ですが、ここにきてなりふり構わぬ、つまり再びインフラ投資にアクセルを踏んででもGDPを膨らませてきている感じがします。それが「6.9」という数字に象徴されている。共産党大会とか全人代を前にしていましたから、無理をしてでも数字をつくってきている感じがします。それでも中国が減速してくれては困るという日本産業界の熱視線からすれば、ほっと胸をなで下ろしている人も多いだろうと思います。

　大事なのが50ページで、「日本の貿易相手国のシェア推移」という表（次ページ）が付いています。この表は日本のアイデンティティーを語るときに「イロハのイ」みたいに重要な数字なので、簡単に確認します。「通商国家」という工業生産力モデルの優等生として戦後を走ってきた日本が、一体どこと貿易することで飯を食っていたのかがあぶり出されます。例えば、一番左の米国。1990年、バブルのピークの頃、私は10年間、米国の東海岸に張り付いていました。「27.4％」と3割近くが米国との貿易で、日本はそれで飯を食っていました。縦に数字を追

【添付資料5】

日本の貿易相手国のシェア推移（貿易総額）

(%)

年	米国	中国	中国 (含香港,マカオ)	大中華圏	アジア	上海協力機構 (除香港,マカオ)	上海協力機構 (含香港,マカオ)	中東	EU	ロシア	ユーラシア
1990	27.4	3.5	6.4	13.7	30.0	5.9	8.8	7.5	17.0	1.1	59.4
1995	25.2	7.4	11.4	20.7	40.6	9.5	13.4	5.2	15.3	0.8	63.3
2000	25.0	10.0	13.3	22.8	41.4	11.3	14.7	6.9	14.6	0.6	64.9
2001	24.5	11.8	15.1	22.9	41.3	13.1	16.4	7.3	14.5	0.6	65.2
2002	23.4	13.5	17.0	24.9	43.2	14.7	18.3	6.9	13.9	0.6	66.2
2003	20.5	15.5	19.2	26.9	45.5	17.0	20.6	7.5	14.2	0.7	69.7
2004	18.6	16.5	20.1	28.2	47.0	18.1	21.8	7.6	14.2	0.9	71.1
2005	17.8	17.0	20.4	28.2	46.6	18.8	22.2	9.4	13.1	1.0	71.3
2006	17.4	17.2	20.3	27.8	45.7	19.3	22.4	10.5	12.5	1.1	71.1
2007	16.1	17.7	20.8	27.8	45.8	20.4	23.5	10.5	12.8	1.6	72.0
2008	13.9	17.4	20.1	26.7	45.0	20.4	23.2	13.0	11.7	1.9	73.2
2009	13.5	20.5	23.5	30.7	49.6	23.6	26.6	10.1	11.6	1.1	74.0
2010	12.7	20.7	23.7	31.1	51.0	24.5	27.5	9.8	10.5	1.6	74.6
2011	11.9	20.6	23.3	29.8	50.2	24.6	27.3	11.1	10.5	1.5	75.2
2012	12.8	19.7	22.3	28.3	49.2	23.5	26.1	11.8	9.8	2.0	74.1
2013	13.1	20.0	22.6	28.6	48.9	24.0	26.5	12.0	9.7	2.1	74.2
2014	13.3	20.5	23.2	29.3	49.1	24.4	27.1	11.8	9.9	2.3	74.5
2015	15.1	21.2	24.1	31.0	51.1	24.4	27.3	8.3	10.8	1.5	73.2
2016	15.8	21.6	24.5	31.6	51.7	24.5	27.4	6.7	11.9	1.3	73.1
2017	15.1	21.7	24.5	31.5	52.0	24.9	27.7	6.9	11.3	1.5	71.3
2018 (1~6月)	14.7	21.0	23.5	30.5	51.1	24.4	26.9	7.5	11.7	1.5	73.5
2018 (6月)	14.9	21.2	24.2	31.1	51.9	24.6	27.5	6.8	11.6	1.4	73.3

(注1) EUは1994年までは12カ国、1995年から15カ国、2004年から25カ国、2007年から27カ国、2013年7月から28カ国
(注2) 上海協力機構：加盟8カ国（中国、ロシア、カザフスタン、キルギス、タジキスタン、ウズベキスタン、インド、パキスタン）オブザーバー2カ国（モンゴル、イラン）
(注3) ユーラシア：アジア、欧州全域、中東の各国の合計値。英国、インドネシア等の島国も含む
(出所) 財務省「貿易統計」

日本の貿易相手国のシェア(2018年1~6月累計 速報)

	輸出		輸入		貿易総額	
	金額(兆円)	シェア(%)	金額(兆円)	シェア(%)	金額(兆円)	シェア(%)
米 国	7.4	18.5	4.3	10.8	11.7	14.7
中 国	7.7	19.1	9.1	22.9	16.7	21.0
中 国 (香港、マカオを含む)	9.5	23.8	9.2	23.3	18.7	23.5
大中華圏	13.1	32.7	11.3	28.7	24.3	30.5
アジア	21.9	54.4	18.9	47.7	40.7	51.1
上海協力機構 (香港、マカオを含まない)	8.9	22.3	10.5	26.5	19.4	24.4
上海協力機構 (香港、マカオを含む)	10.8	27.0	10.6	26.8	21.4	26.9
中 東	1.2	3.1	4.8	12.1	6.0	7.5
E U	4.6	11.5	4.7	11.8	9.3	11.7
ロシア	0.4	1.0	0.8	2.0	1.2	1.5
ユーラシア	28.7	71.6	29.8	75.5	58.6	73.5
世 界	40.1	100.0	39.5	100.0	79.7	100.0

(出所) 財務省「貿易統計」

※アジア・ダイナミズムについて：
◆参照:P.29-30

※参考
《日中のGDPの推移（IMF2018年4月発表）》 (単位：兆ドル)

年	2000	05	10	15	16	17	18	19	20
■	1.2	2.3	6.1	11.2	11.2	12.0	14.1	15.5	17.0
●	4.9	4.8	5.7	4.4	4.9	4.9	5.2	5.4	5.5

約2.7倍 約2.9倍 約3.1倍
予測

「寺島実郎の時代認識」50ページ

うと、この間の変化が分かります。2011年に11.9％まで落ちて、対米貿易の比重がどんどん減ってきた。このころ私自身は、まもなく対米貿易の比重は10％を割ると見ていました。ところが割っていない。過去3年間（15〜17年）、15％台に戻しています。なぜかというと米国の実体経済が堅調だからです。

　中国との貿易は、1990年ごろにはわずか3.5％だったが、どんどん増えてきた。賢い人は瞬時に気が付いていると思いますが、2007年に対米貿易を対中貿易が上回り、2割を超えた。反日デモなどで日本の経営者が中国に警戒的になって12年に落ち込みましたが、17年には21.7％まで対中国貿易の比重が高まってきています。これをどう見るかです。

　ここのところの日中関係というのは、分かりやすくいうと「政経分離」です。政治的にギクシャクしながらも、産業的には一段と関係を深めているという構図です。「上部構造と下部構造」という言葉を使っていた人がいましたが、要するに上部構造では険悪な関係を続けながら、下部構造ではひたひたと関係を深めている状況が日中関係です。米中関係もギクシャクしてきて、中国側では日本という近隣の国との関係見直しという問題意識が高まった。日本からすれば産業の現実を突き付けられる形で渋々、関係の見直しという段階に入っているのが、現下の局面だと考えれば分かりやすいと思います。

グレーター・チャイナ、連結の中国

　経団連研修のインストラクターというのを20年やっています。1部上場企業の経営企画部長や人事部長と、1年間にわたって向き合うというものです。つい先月も豪華客船「飛鳥Ⅱ」で缶詰になって徹底的に議論をしましたが、日本経済界のリーダーたちも実は、本音のところで中国をどう見ていいのか混濁しています。どうしてかと言うと、中国のあまりの成長スピードに頭が付いていけない。2000年には日本の4分の1にすぎなかった中国のGDPが、10年に日本を追い抜いていった。統計の間違いだろうなんて話をする人もいましたが、18年には日本の3倍に迫ります。

　私は今、国土交通省の「スーパー・メガリージョン構想検討会」の委員をやっていまして、27年にはリニア新幹線で東京－名古屋が40分でつながります。リニ

アが動く頃に日本はどうなっているのだろうというシミュレーションをやっていて、私自身がため息をつきますけれども、中国のGDPは、どんなに少なくシミュレーションしても日本の5倍を超えます。われわれはその中国に向き合わざるを得ない。よほど腹の下に力を入れて向き合わないと、この動きに付いていけなくなる。

話が複雑なのが「大中華圏」という言葉です。私がNHK出版から出した本に『大中華圏―ネットワーク型世界観から中国の本質に迫る』があります。英語で言うと「Greater China(グレーター・チャイナ)」と言いますが、中国という国を捉えるためには、その海外ネットワークとの相関の中で捉えなければということを言っています。私自身が世界を動いての実感です。「オーバーシーズ・チャイニーズ」という、われわれが華人華僑と言っている人たちは世界で6千万人います。東南アジアにも3500万人いるといわれています。その華人華僑圏の象徴ともいえるのが香港、シンガポール、台湾です。

ここでいう大中華圏というのは、中国を本土単体として考えないことです。「連結の中国」です。政治体制に壁はあるし、イデオロギーの違いもあるけど、「産業的に連携を深めているゾーン」という考え方がこのグレーター・チャイナ、連結の中国という切り口です。つまり中国、香港、台湾、シンガポールを有機的な産業連携体だとする捉え方です。大中華圏は日本の貿易相手先として対米貿易の倍となる31.5％まできた。17年にはアジアとの貿易が52％となっています。

トランプ現象とか習近平の強権化、プーチンの4選という状況を見ていると、世界は何やら強権化という流れに入り、一寸先は闇みたいな空気感で世界を見がちですが、間違いなく言い切れる未来予測もあるというのが、この段階で申し上げたいことです。中国、インド、ASEAN5を含むアジアが今後10年、6％台後半の成長軌道を続けるだろうということは、かなり確度の高い予測です。となると10年先を考えたときに、日本にとってアジアとの貿易比重が6割を超しているということだけは間違いない。大中華圏との比重および中国との比重は、もちろん政治的な要因によって変わりますが、日本にとってもじわりじわりと、このアジアダイナミズムが運命を左右するファクターになってきていることだけは、ごまかしなく言い切れるポイントだと言っていいと思います。

デジタル・ディクテイターシップ

　持ち時間の中で問題意識を的確に伝えないといけないわけですが、米中関係を考えるときに、単に貿易戦争という局面だけではなくて、新しい意味合いがそれに加わってきているということを視界に入れなければならない。（資料集の）4ページを見てください。この話は結構、重要です。ここに今年（2018年）のダボス会議で登場してきた言葉の中で最も重要な、今、世界認識の根底に置かなければいけない言葉だと思いますけれども「デジタル・ディクテイターシップ（デジタル専制）」というパネルが載っています。今、われわれが「デジタル・エコノミー」なる時代を生きていることを否定する人はいないだろうと思います。ほぼ全員がスマートフォンを握りしめて、ネットワーク情報技術革命の中を走っている。

　冒頭（に理事長が）、野口悠紀雄さんが言ったという「日本経済が世界から取り残された平成時代」という話を紹介されていましたが、多分皆さんの中に、日本経済がこれほど低迷していることについて首をかしげる向きもあるだろうと思います。先ほどのIMFの世界経済見通しだって、リーマン・ショック以降の日本経済の動きが出ていますが、1％台に張り付いたように低迷している。4ページを見ていただくと、この壁が見えてくるはずです。

　最近、よく指摘されるキーワードになってきましたが、ここに「GAFA＋M」と書いてあるのがあります。これは、最近まで私自身が向き合ってきたシリコンバレーのビジネスモデルといえる米国の「ITビッグ5」のシンボリックな表現です。GoogleのGとAppleのA、FacebookのF、AmazonのA、MicrosoftのMであり、5社で時価総額4兆ドルというのがそこに書いてあることの意味です。日本とのコントラストをよく考えてください。右に東証1部の時価総額トップ5が並んでいます。われわれにとってトヨタ自動車といえば「ものつくり国家日本」のフロントラインにいる、そびえ立つような企業だと思いがちです。しかし、トヨタの時価総額は24兆円に満たない。ということは、この間から報道が盛んにそういう数字を使いますけども、アップルやアマゾンは1社で1兆ドルを超しているわけです。トヨタというのは、アップル、アマゾン1社の4分の1の時価総額もないということにちょっとがくぜんとします。

Digital Dictatorship（デジタル専制）

デジタル・エコノミー
【株式時価総額】

（18年7月末日時点）

GAFA+M Google、Apple、Facebook、Amazon、Microsoft	テンセント アリババ
4.0兆ドル （約442兆円）	0.9兆ドル （約103兆円）

"New 7 Sisters"

[東証一部 上位5社]　（18年7月末日時点）

トヨタ自動車㈱	23.9兆円
㈱NTTドコモ	10.9兆円
ソフトバンクグループ㈱	10.2兆円
㈱三菱UFJFG	9.6兆円
KDDI㈱	7.9兆円
合計	62.4兆円

➡「第四次産業革命」＝「IT×FT」（金融工学）

データを支配するものがすべてを支配＝「データリズム」の時代

株価時価総額上位10社の推移
（単位：兆円）

1980年
1	トヨタ自工	1.32
2	松下電器産業	1.21
3	日産自動車	1.13
4	東京電力	0.97
5	新日本製鉄	0.94
6	日本石油	0.90
7	日立製作所	0.88
8	三菱商事	0.78
9	第一勧業銀行	0.78
10	富士銀行	0.76

1990年
1	日本電信電話	15.3
2	日本興業銀行	7.8
3	富士銀行	7.1
4	太陽神戸三井銀行	6.3
5	住友銀行	6.2
6	第一勧業銀行	6.1
7	三菱銀行	6.0
8	トヨタ自動車	5.9
9	三和銀行	5.6
10	東京電力	4.9

2000年
1	NTTドコモ	18.9
2	トヨタ自動車	13.7
3	日本電信電話	13.3
4	ソニー	7.2
5	みずほHD	6.5
6	武田薬品工業	6.0
7	松下電器産業	5.7
8	セブン・イレブン・ジャパン	5.4
9	東京三菱銀行	5.4
10	本田技研工業	4.2

2010年
1	トヨタ自動車	11.1
2	三菱UFJFG	6.2
3	NTTドコモ	6.2
4	本田技研工業	5.8
5	キヤノン	5.6
6	日本電信電話	5.3
7	三井住友FG	4.1
8	三菱商事	3.7
9	日産自動車	3.5
10	任天堂	3.4

2018年（7月末）
1	トヨタ自動車	23.8
2	NTTドコモ	10.9
3	ソフトバンクグループ	10.2
4	三菱UFJFG	9.6
5	KDDI	7.9
6	ソニー	7.4
7	日本電信電話	7.3
8	キーエンス	7.2
9	三井住友FG	6.3
10	本田技研工業	6.1

（参考）
ファーストリテイリング	5.2
オリエンタルランド	4.4
日立製作所	3.8
新日鐵住金	2.1
東レ	1.4

「寺島実郎の時代認識」4ページ

「時価総額ってそんなに大事ですか」という質問を受けることがあります。私は企業経営を評価する指標として、時価総額が一番重要だとは思いません。しかし、われわれは市場が企業の価値を決める時代に向き合っているわけです。マーケットバリューというものを考えたときに時価総額は重く、企業は時価総額を超えるようなリスクは取れないし、プロジェクトもできない。

　ついこの間、東急電鉄の幹部が来て話をしました。1990年代バブルのシンボリックな存在とまで言われた六本木ヒルズにグーグルが入っています。今、東急が渋谷大開発をやっています。かつて「東急プラザ」という紀伊国屋書店が入っていたビルを思い出す方がいると思いますが、今、超高層ビルに建て替わっていて、全棟グーグルが入るそうです。渋谷はNHKとグーグル、加えてハロウィーンの街になるだろうなんて冗談が言われているくらいです。

日本の現実

　事の次第が次第に見えてくると思います。この段階で確認しておきたいのが、下の段のパネル「株価時価総額上位10社の推移」です。1980年代からの推移ですが、これをご覧になると戦後の日本産業史が見えてきて、今、どんな状況にあるのかがピンとくると思います。80年は戦後の復興から日本工業生産力モデルの先端を走った企業名が並んでいます。トヨタ自工というのは自販と合併する前のトヨタで1位。以下、松下、日産、新日鉄、日立製作所なんて企業が並んでいます。90年はバブルのピークです。2位は興銀、3位富士銀行、6位第一勧業銀行であり、この三つが合併したのが今の「みずほ」なのに、今年（2018年）7月末のトップ10にみずほが入っていないことに違う意味で感慨深く、時代の変化を感じます。2000年にはセブン—イレブン・ジャパンが8位に入ってきて、このころわれわれは「川下優位の産業構造」なんて話をしていたものです。流通の川下に付加価値が移っていると。

　現在の日本がどうなっているのかを象徴する事実を確認しているのですが、18年の「参考」というところを見てもらいたい。日立製作所の時価総額は4兆円いっていない。ということは、アップル、アマゾン1社の40分の1の規模感か、ということになるわけです。並んでいるのは経団連会長を輩出した会社です。新日

中国の「独身の日」セール終了後、アリババグループの取引額を示すスクリーンを背景に話す張勇CEO＝2018年11月12日、上海（共同）

鉄はわずかに２兆１千億円という時価総額。ため息が出てきます。アップル、アマゾンの話を持ち出さないまでも、これが日本の現実です。その上のオリエンタルランドは東京ディズニーランドの親会社です。現在、新日鉄はオリエンタルランドの半分の時価総額もないということになっている。ファーストリテイリングというのは、私の大学の同期だった柳井正・会長兼社長のところ、つまりユニクロです。一番下に東レとありますが、これは経団連会長会社だったから書いてあるにすぎないのですが１兆４千億円です。ユニクロが今日あるのは、東レのおかげです。ヒートテックにしてもエアリズムにしても、東レの技術の上に立ってユニクロという会社は快進撃しているようなものです。

　話を戻して、一番上のパネルに中国のテンセントとアリババという２社が載っています。この２社で１兆ドルに迫る時価総額です。ということは、日本のトップ５（の時価総額合計は）は62兆４千億円だから、理論的にはその中に吸収されるくらいの規模感だということにギョッとします。米中二極であり、この構図にこそトランプのいら立ちみたいなものが垣間見えてくるのです。

　今世界ではこの七つの会社、米国の５社と中国の２社のことを「ニュー・セブン・シスターズ」と呼び始めています。「セブン・シスターズ」は、ついこの前までオイルメジャーの話でした。61ページ以降の資料を見ると、オイルメジャーの時価総額は今、わずか１兆４千億ドルだという話が出てきます。要するに20世紀のセブン・シスターズはエネルギー、オイルで、21世紀のセブン・シスターズはデジタル・エコノミーのフロントラインにある七つの会社です。このテンセン

トとアリババといえば、西海岸に留学していた中国人の留学生が米国のフロントラインにある会社をまねてスタートさせ、10年前は小さな企業だったが、あっという間にここまで来たということです。

データを支配するものが全てを支配する

　今、世界で議論していると耳につく言葉が幾つかあります。一つは「かえる飛びの経済」という表現で、カエルがぴょんぴょん跳び上がるように不連続に発展していくという意味です。日本のように固定電話が普及していない中国みたいな国の方が一気に携帯電話が普及していくパラドックスのことを「かえる飛びの経済」というわけです。「キャッシュレス・エコノミー」なんて議論する人たちが軒並み指摘します。中国から来た留学生が「自分は21世紀から20世紀に逆戻りしたような印象です」と言った言葉が象徴的です。どうしてか聞くと「中国ではお札というものを使ったことがなかったけれども、日本ではまだ使っているんだ」と言う。聞いたこちらが驚く話ですが、そういう「かえる飛び」が起こり始めているというのが一つのポイントです。

　それからもう一つ、ここがややこしい。「夢に金が付く時代」という表現があります。今までの西側のビジネスモデル、企業経営というのは、技術を錬磨して評価を高めて実績につなげ、金融からの信頼を得て発展していくというプロセスだった。今は夢に金が付く時代と言いますか、ベンチャーとして面白いねというふうに評価されたら、ファンドが寄ってたかって金を付けて、成功させてしまう時代になっている。一番分かりやすいのが、ウーバーというビッグデータを使った自動車の配車システムの会社で、サンフランシスコで生まれ全米を席巻しています。日本ではタクシー業界がブロックをかけてなかなか入りにくい状況になっていますが、孫正義・会長兼社長のところのソフトバンクが１兆円突っ込んだというプロジェクトです。それから、テスラ・モーターズという自動車会社があります。この間、初めてテスラの運転席に乗ってみましたが電気自動車（EV）であるということ以外、何の技術優位性も感じない。だけどファンドが寄ってたかって金を付けて成功させている、という表現が当たるなという勢いです。要するに伸びてきています。

(参考)「技能五輪国際大会」について

技能五輪国際大会
2001年以降の技能五輪国際大会・日本選手団の成績状況

2001	2003	2005	2007	2009	2011	2013	2015(※)
3位	1位	1位	3位	1位	2位	1位	3位

第44回(2017年) 開催地：UAE・アブダビ
金メダル獲得数の順位

1位	2位	3位	…	9位
中 国 (15)	スイス (11)	韓 国 (8)		日 本 (3)

※日本選手団の成績：金3個、銀2個、銅4個

● 金メダル
① 情報ネットワーク施工　㈱協和エクシオ
② 製造チームチャレンジ　㈱デンソー
③ メカトロニクス　トヨタ紡織㈱

● 銀メダル
① CNCフライス盤　トヨタ自動車㈱
② 溶接　㈱柴田自動機械　トヨタL＆Fカンパニー

● 銅メダル
① 移動式ロボット　㈱デンソー
② 自動車工　日産自動車㈱
③ ITネットワークシステム管理　トヨタ自動車㈱
④ プラスティック金型　セイコーエプソン㈱

技能五輪国際大会 競技職種
(全51職種・2017年大会)

ポリメカニクス	航空機整備	貴金属装飾具	グラフィックデザイン
情報ネットワーク施工	配 管	フラワー装飾	看護／介護
製造チームチャレンジ	電子機器組立て	美容／理容	構造物鉄工
メカトロニクス	ウェブデザイン	ビューティーセラピー	プラスティック金型
機械製図CAD	電 工	洋 裁	ビジュアル販売促進
CNC旋盤	工場電気設備	洋菓子製造	試作モデル製作
CNCフライス盤	れんが積み	自動車工	建設コンクリート施工
石 工	左 官	西洋料理	パン製造
ビジネス業務用ITソフトウェア・ソリューションズ	広告美術	レストランサービス	産業機械組立て
溶 接	移動式ロボット	車体塗装	重機メンテナンス
印 刷	家 具	造 園	3Dデジタルゲームアート
タイル張り	建 具	冷凍空調技術	貨物輸送
自動車板金	建築大工	ITネットワークシステム管理	

(出所) 中央職業能力開発協会

VI．通底する課題として：「もはや民主政治では資本主義を制御できない」という現実
明確な経済政策思想の混乱：新自由主義とリフレ経済学の複雑骨折

- 「ノーラン・チャート」(右図)に見る
- リバタリアンのデビッド・ノーランなる存在
  ＝個人的自由と経済的自由の最大化を希求 …「権力は腐敗する」という信念
  ＝対極は全体主義者
  CF. LEFT(リベラル)：個人的自由のMAX化と経済的自由の制限志向
  　　RIGHT(保守)：個人的自由を抑制し、経済的自由MAX化
- 1980年代から90年代にかけ市場原理主義の跋扈(政府介入の極小化)
  ハイエク、フリードマン等…日本にもエピゴーネンとしての竹中、大前型学者が表出＝小泉改革なる幻想
- 2008年リーマンショックでの転回
  政府介入による制御へ「金融システムが犯した過ちを国家が救う仕組み」というパラドックス
  →社会福祉、雇用、教育を犠牲にしてまで　それほどまでに金融システムが浸透：他の産業ならば倒産、退場
- 異次元金融緩和と財政出動による景気浮揚
  金融ジャブジャブの歪んだ社会＝実体経済を忘れたマネーゲーム加速→官制の株式資本主義への傾斜
- 他方、新自由主義の象徴たるTPPの迷走　→米国自身の腰砕け

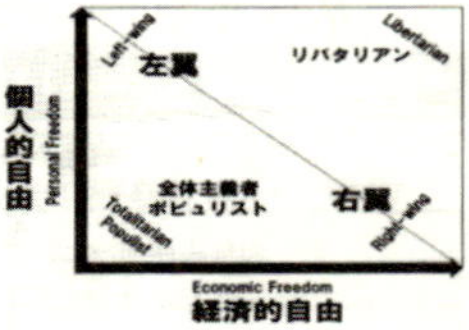

VII．進むIoT・人工知能と「雇用なき経済」の時代　◆参照：脳力のレッスン176 (P.98-)
- 21世紀に入って進化したもの——生命科学とICT (BIGDATA)の相関　◆参照：特別添付資料① (P.53-)
- コンピューターには意識がない(目的・手段合理性のみ)
  人間の人間らしさは意識から生まれる「合理性」とは別次元の愛情、愛情、欲情
- 人間の仕事の大半をAIが代替し、「天才以外に仕事がない」として、
  人間は1.5kgの頭脳を駆使して何をするのか？　→人間は「歌舞音曲」だけで生きていけるのか？
- IT革命(ネットワーク情報技術革命)の成果を最もしたたかに取り込んでいる世界が金融であり、
  Fintechは究極の金融取引の肥大化を誘発 ——弊害と恩恵が併存
- 「人間と機械の協働」——AI (Artificial Intelligence：人工知能)からIA (Intelligence Amplifier：知能の増幅)へ
- シンギュラリティー(技術的特異点)——AIが人間を超えるとは何か　楽観論：レイ・カーツワイル、悲観論：ジェイムズ・バラット

15

「寺島実郎の時代認識」15ページ

このITビッグ7、ニュー・セブン・シスターズの話に戻ると、圧倒的な技術優位性でそそり立っているというならまだ納得がいくけど、ユビキタスという言葉があるように、ITというのは平準化技術です。いつでも、どこでも、誰でも使えるネットワーク情報技術革命というのが一つのキャッチフレーズみたいなものです。今、われわれが生きている時代というのは、そういった基盤の上、つまりデータリズムです。「データを支配するものが全てを支配する」という時代に入ってきている。

　中国の場合にはテンセントとアリババの後ろで政府が政治的にデータをコントロールできるポジションにあるのではないか、という邪推みたいなものがより被害者意識を駆り立てます。しかもビッグデータの時代は、「クラウド」という言葉があるようにデータを一番コストの安いところに預けるなんていうことが起こるものだから、ひょっとしたら中国にデータリズム時代の優位性を取られてしまうのではないかという要素が、かつての貿易戦争と違う部分です。「知財権」あるいは「データリズムにおける優位性」というものを失うのではないかという不安が米国側の背景にある、というのがポイントの一つだと言っていいと思います。

基盤インフラがとんでもないほど劣化している

　申し上げておきたいことは多々ありますが、もう一点だけ。日本の今、置かれている現実ということについて確認しておきたいのが（資料集の）15ページです。「ものつくり国家日本」なんて言っているだけでは話がかみ合わない状況で、そのものつくり国家の基盤インフラ部分も相当に緩んできているということを確認せざるを得ない。特に、メディア関係の方が多いから触れます。

　これは昨年（2017年）10月にアラブ首長国連邦（UAE）のアブダビで行われた「技能五輪国際大会」の結果です。ご覧になったらギョッとすると思いますが、日本はメダルの獲得数が9位に落ちました。実は10年くらい前までは、日本は中国が追い上げてこようが、韓国が追い上げようが、産業の技術基盤は盤石だといわんばかりに技能五輪第1位を走っていたわけです。メディア報道にこの話が出なくなったのが、ここ4、5年の大きな変化です。日本の何が変わったか。分かりやすく言うと、金融政策に過剰に依存し、株価を引き上げてマネーゲームでも

って成長力を保っているかのように見せているけれども、実は基盤インフラのところはとんでもないほど劣化している、と証明しているのがこの二つのパネルです。

　それでも、金銀銅メダルを取ってくれた会社と若者がいるわけです。協和エクシオというNTTの系列会社でITの基盤インフラを施工している会社に所属する清水義晃君という25歳の青年が、(通信回線整備の正確さや速さを競う)情報ネットワーク施工部門で、堂々の金メダルを取った。映像を取り寄せて見てびっくりしましたが、平昌オリンピックにも劣らないくらいの盛り上がりで、開会式、閉会式も行われています。しかし、日本の報道には一切それが出てきません。いわんや、金メダルを取ってくれた青年がメディアで紹介されるなんてこともありません。実際にその彼と向き合ってみて、高専を出て歯を食いしばって先輩の指導を受けながら7年間頑張って、ついに金メダルを取りましたという話を聞いて、今どき、こんな青年が日本にもいるんだなと胸が熱くなりました。

　平昌オリンピック、あるいは迫りくる2020年の東京オリンピックで、ついこの前まで私たちが知らなかったようなマイナーなスポーツで頑張っている人たちに光が当たるのは大変結構なことだと思います。しかし、産業国家日本の技術基盤を支えてくれている青年にも注目してほしいものです。

　先ほどの経団連研修ではないですが、ここのところ日本の名だたる製造業企業に不祥事が続いています。昨今では、耐震装置のデータ偽造みたいな話にまで私たちは向き合わなければならなくなっている。日本は何かが変わっているということに気が付く人もいると思います。私には製造業企業のトップに親しい人がたくさんいまして、こういうことを言う人がいます。「いや寺島さん、一切心配する必要ないよ」と。旋盤工の熟練工なんかもういらない。コンピューターサイエンスの進化で現場はみんなコンピューターが支えている。熟練工なんか養成するような手間暇なんていらないと言う人がいます。だけど、本質をよく見ていただきたい。右側のパネルです。51種目で競い合っている大会ですが、右から2列目の「フラワー装飾」から下を見てください。「美容／理容」から「ビューティーセラピー」「洋裁」「洋菓子製造」「西洋料理」「レストランサービス」です。分かりやすくいうと、これは日本の現場力です。現場力が急速になえてきている。経営というのは「頭から腐る」と言われていまして、トップの問題意識が現場を劣

化させているとしか言いようがない。これが日本の現実です。

　今、なぜこの話をしているのかというと、戦後日本の成功モデルだった工業生産力モデル、つまり産業力で外貨を稼いで豊かな国にしようと日本は走ってきましたが、その結末を見ているようなものでターニングポイントに来ている。新しい「デジタル・エコノミー」なんていう要素が加わってきて、さっき「人間機械融合論」みたいな話をしましたが、22世紀に向けて当然のことながら、そういうことを視界に入れて国造りの背中に埋め込まなければいけない時代が来ています。そういう中で明らかに日本の置かれている立ち位置が、いら立ちの中で向き合わざるを得ないような状況の中にあるということを、多分皆さんも感じ取っておられると思います。

顔色が変わる台湾

　そこで強権化する中国といいますか、若干の地政学の大きな変化について触れておいた方がいいと思うので、（資料集の）64ページに触れて話を収束させておきます。

　「中国の強大化と強権化」というキーワード、これが先ほど中東協力会議での私のリポートに出てくる言葉です。この春から東アジアを動いてきましたが、率直に実感することです。香港、台湾、北朝鮮という話はつながっているということを皆さんに確認するため話題にしておきたいと思います。

　どういう意味かというと、（2018年）6月12日に米朝首脳会談が行われ、この夏のハイライトとしてわれわれの記憶に残ります。まず香港です。ついに香港からマカオ、そして本土とつながる海上橋「香港・珠海・マカオ大橋」がついに完成して、開通式を10月末にやっていました。香港の民主化勢力弾圧なんていう話ではなく、もはや「民主化勢力」なんていうものは完全に一掃されたと言っても誇張じゃないと思います。つまり香港において「一国二制度」という話は吹っ飛んだ。「雨傘運動」なんてやっていた記憶がありますけれども、香港は一切を中国本土に掌握されたと言っていいような状況に入ってきている。

　台湾は横目でそれを見て、一国二制度なんていう話は信頼できないという思いから、馬英九政権の時代に9万の台湾企業が本土に進出したと言われています。

2）中国の強大化と強権化…習近平政権の新局面：「中華民族の歴史的復興」志向

- 中国のGDP：2000年日本の1/4→18年：日本の3倍近く→30年：5倍（予測）
- 中国の一人当たりGDP：18年 10,000ドル水準に到達（日本の1981年）
- 習近平第二期政権の意味：全人代での憲法改正…国家主席の任期制限撤廃→長期政権への布陣
  注目すべき王岐山人事→国家副主席に：陝西省への「下放」時代からの盟友、「王岐山」こそ対米戦略の切り札
  CF. 習近平の本質：文化大革命の被害者でありながら、下放体験の苦渋を吸収した泥臭さ
  →毛沢東主義への回帰　18年5月5日「カール・マルクス生誕200周年記念大会」
- ユーラシア戦略への道筋：新たな世界秩序への構想力における主導性
  →「グローバル・ガバナンス」よりも「中華民族の復興」が本音
  ① 東アジア戦略：香港、台湾への攻勢と北朝鮮への影響力最大化…大中華圏の実体化
     6月12日の米朝首脳会談を経て、中国は北朝鮮に「首輪」を付けた
     →中国の航空機でシンガポールに飛んだ金正恩の意味＝生殺与奪権を握った中国
  ② 上海協力機構という枠組：2018年6月青島で首脳会議→インド、パキスタン、ロシア、イラン参加
  ③ 一帯一路、フォーラム：29か国首脳と130か国の代表団（ロシア、イタリア、ギリシャ、スイス、スペイン、セルビア、チェコ、トルコ、ハンガリー、ベラルーシ、ポーランドなど）
  ④ AIIB（アジア・インフラ投資銀行）：英国の参加を機に英連邦14か国が参加→現在80か国参加
     ＊米国がAIIBに参加する可能性
- 中国のインド洋展開布陣：近海防衛から遠洋護衛へ
  アフリカ東部ジブチに中国海軍補給基地→スリランカ南部ハンバントタ港の運営権確保、パキスタンのグワダル港・特に対アフリカ戦略に腐心　例）ジブチからエチオピアへの鉄道建設事業：融資の6割は中国

3）プーチンのロシアが目指す「正教大国」とは何か

- プーチン4選：プーチン専制をもたらしたもの→ソ連崩壊のトラウマとエネルギー国有化
- シリア介入と主導権奪取、ロシアにとっての中東の要石としてのシリア（軍事基地、武器輸出）
  →アサド政権の延命を支え、IS掃討を通じ影響直拡大
- 微妙な対米関係：2014年、ウクライナ危機（クリミア併合）とG7によるロシア制裁
  →トランプの命運握る「ロシア・ゲート」問題：対ロシア制裁強化という煙幕
- 共産主義・社会主義との決別：2017年「ロシア革命100年」、18年5月「マルクス生誕100年」に一切関心を示さず→「社会主義」にこだわる中国と対照的
- ロシア統合の中心価値→大ロシア主義の根源における「ロシア正教」へ回帰
- 日露接近とその限界：化石燃料供給における米国との綱引き
  化石燃料におけるロシア依存の高まり：2014～15年とG7のロシア制裁にもかかわらず8.3%、8.7%と急増…米国の懸念と不信を背景にした牽制：原油輸出解禁、シェールガスの対日輸出許可
  →2016年～17年：米国からの原油とガスの輸入急増

（資料6）日本の化石燃料輸入に占めるロシアおよび米国の比重

【日本の輸入総額に占めるロシアのシェアの推移】

	13年	14年	15年	16年	17年	18年 [1-6月]
化石燃料全体	7.4%	8.3%	8.7%	7.5%	7.0%	6.2%
原油	7.0%	8.1%	8.9%	6.5%	5.8%	4.5%
天然ガス	8.7%	9.0%	8.6%	8.3%	8.0%	7.7%
石炭	6.0%	7.6%	8.3%	9.0%	9.0%	8.6%

[速報]

《参考》日本の輸入総額に占める米国のシェアの推移

	15年	16年	17年	18年 [1-6月]
原油	0.1%	0.3%	0.9%	0.5%
液化ガス（天然・石油）	2.4%	3.7%	9.0%	10.4%

[速報]

「寺島実郎の時代認識」64ページ

陸つまり海峡を越えて大陸側の中国との間に経済的な連携を深めたのが馬英九政権だったわけです。ところが、ここに来て民進党の蔡英文政権をつくって、中国に対して独立かという空気を漂わせた時期もありましたが、今、台湾に行ったら空気の変化にギョッとなります。沈黙を通り越して顔色が変わっているという感じがします。

　この夏を振り返ってみると、幾つか動きがありました。まず、エルサルバドルと台湾が断交しました。台湾が外交関係を持っている国を、オセロゲームのように金を突っ込んで中国がひっくり返した。台湾が外交関係を持っている国は、ついに19カ国になってしまった。その19カ国も南太平洋の小島みたいな国々です。最後の注目点といわれていたのがバチカンです。欧州において台湾が唯一の外交関係を持っていたのがバチカンで、蔣介石がキリスト教徒だったということもあって、こことの関係が台湾にとって命綱でした。ところが動きましたね。この9月辺りから中国がバチカンにものすごい勢いで、圧力というか金を突っ込んで変えていると言われています。本土側のカトリック教会の正当性というものを一歩踏み込んで認めるような形にバチカンが動いてきた。もし、バチカンと台湾が断交する局面が来たら、台湾の国際的孤立は尋常じゃないと考えた方がいいと思います。

　台湾経済界のトップの人たちと議論していますが、ここのところ雰囲気が変わってきています。「キャピタルフライト」という局面です。もともと「外省人」という形で蔣介石と一緒に流れ込んできた人たちは、台湾にアイデンティティーがあるわけではない。世界の果てでも、ファミリービジネスで生きていこうという形で一歩動き始めている。台湾から日本の技術を持った中堅企業でも買って、橋頭堡をつくっておこうという動きが一気に来ている。

中国は北朝鮮に首輪を着けた

　後で柯隆さんがどう補足してくれるかですが、私は（2018年）6月12日の米朝首脳会談の本質を見抜く唯一の論点は、「金正恩（朝鮮労働党委員長）が中国の航空機でシンガポールに行ったことだ」と言い続けています。私自身海外で動いているから分かりますが、航空機で海外を動くということは、その安全性に身を

2018年6月10日、中国国際航空機でシンガポールのチャンギ国際空港に到着した北朝鮮の金正恩朝鮮労働党委員長（中央）（朝鮮中央通信撮影・共同）

委ねているのです。北朝鮮の専門家は北朝鮮だって政府専用機を持っている、みたいなことを言います。だけど米朝首脳会談に関わった人の話を聞くと、北朝鮮は最後まで（モンゴルの首都）ウランバートルにこだわっていたそうです。シンガポールに行くことになったから中国の航空機で動いた。変な言い方ですが、生殺与奪権を握られていると考えた方がいい。1955年のバンドン会議。あの時、周恩来は（インドネシアの）バンドンに向かう航空機を、台湾の蔣介石一派によって香港空港で爆破されました。航空機で移動するということはそれぐらいリスクがある。

　去年（17年）の今ごろ、一触即発なんて言われている状況の中で、国際社会にはいろんな情報が流れます。私のところにもおやっと思うような情報が日々入ってきます。その中で、中国が北朝鮮に軍事介入する可能性みたいな情報がどんどん入り始めたのが、去年の今ごろでした。どういう意味かと言うと、金正恩はマレーシアでお兄さんの金正男氏を殺して、おじさんの張成沢氏を処刑した。その背景には中国へのおびえと言いますか、それらの人たちが中国と手を組んで自分を追い落とすのではないか、という恐怖心みたいなものが常に付きまとっていたといいます。

　そういう心理状態の中、中国は建前上、いかようにも理由を付けられるわけです。同盟責任を果たして米国から北朝鮮を守るという建前の下、軍事衝突が起こる直前に軍事的に北朝鮮をグリップする。なぜなら、衝突が本当に起こったならば結果は明らかなわけです。米国主導による朝鮮半島の統合に持っていかれかねない。国境線まで米国が張り付いてくるなんてことは、中国にとって願い下げです。だから、その一歩前の段階で北朝鮮をグリップする動きが出るのではないかとまで言われていた。その恐怖心が韓国に南北融和を求め、米朝首脳会談に至っ

た。

　中国は「朝鮮半島の段階的非核化」というシナリオを北朝鮮に共有させました。段階的非核化ということは、北朝鮮が一歩非核化に動けば南の在韓米軍および米韓合同軍事演習も一歩引く。約3万人の在韓米軍が段階的削減なんてことになったら、中国にとっては願ってもないシナリオです。元の木阿弥のように緊張感が高まる状態に戻ったら、その時には、北朝鮮は中国に頼らざるを得ないところに追い込まれるわけです。中国にしてみれば和戦両様です。柯隆さんが使っていた言葉を思い出しますが、「中国は北朝鮮に首輪を着けた」という表現が状況を極めて的確に説明していると思います。

　時間が来ていますので私の話は終わりにしますが、今、日本の立ち位置がものすごく問われていると思います。特に東南アジアの人たちと向き合っていると、東アジアの中でも技術を持ち、成熟した民主国家として日本が存在していることに対する期待感を感じます。これは日本の針路にとって、とても重いメッセージだと思っています。

　時間がまいりましたので、私の話は終えさせていただきます。どうもありがとうございました。

第2部

パネルディスカッション

米中激突、揺れる国際秩序
―問われるメディアの分析力・洞察力―

パネリスト

三浦瑠麗
国際政治学者

柯 隆
東京財団政策研究所主席研究員

ロビン・ハーディング
フィナンシャル・タイムズ東京支局長

杉田弘毅
共同通信社特別編集委員

コーディネーター

松本真由美
東京大学教養学部客員准教授

パネルディスカッション

米中激突、揺れる国際秩序
―問われるメディアの分析力・洞察力―

1．プレゼンテーション

松本真由美　東京大学教養学部客員准教授
（以下、**松本**）　皆さん、こんにちは。本日はお忙しい中、お集まりいただき誠にありがとうございます。第1部の寺島実郎様の講演に続きまして、これよりパネルディスカッションを始めさせていただきます。私はコーディネーターを務めます松本真由美と申します。

松本真由美氏

　さて、本日のパネルディスカッションのテーマは「米中激突、揺れる国際秩序―問われるメディアの分析力・洞察力―」です。トランプ大統領による「米国ファースト」は、日本や欧州連合（EU）など同盟国にも対米黒字の削減などを迫り、対立が深刻化しています。一方、米国と中国は、寺島様の講演にもありました通り「ニュー・セブン・シスターズ」で競争をし合うようになり、競争が激化し貿易戦争から覇権争いの様相を呈しております。混迷の度を増す国際情勢の中で、日本はどのように行動すべきなのでしょうか。また、メディアはこの現状を的確に分析、洞察できているのかを話し合いたいと思います。

　本日のパネリストを紹介させていただきます。それぞれ一言ずつ、自己紹介を

お願いします。まず、私のお隣にいらっしゃいます東京大学政策ビジョン研究センター講師で国際政治学者の三浦瑠麗さんです。

三浦瑠麗　国際政治学者（以下、三浦）　よろしくお願いいたします。昨年（2017年）もこちらに立たせていただきまして、トランプ政権の話で非常に盛り上がったと記憶しております。私はどちらかと言うと、国内政治から国際政治を積み上げて考えるという、内政が外交に与える影響について研究しており、内政から決して自由になれない国際政治研究者としてやっておりますが、皆さまとのシナジーを楽しみにしております。

松本　続きまして、東京財団政策研究所主席研究員、柯隆さんです。よろしくお願いします。

柯　隆　東京財団政策研究所主席研究員（以下、柯）　皆さま、こんにちは。柯隆です。今年（18年）3月まで富士通総研という会社におりまして、55歳でまさか転職するとは夢にも思っていませんでした。東京財団政策研究所に替わりましても研究活動そのものは変わっておりません。口が滑ったら中国に戻れないものだから今日は非常に緊張しています。先ほど、寺島さんから補足するよう言われましたが一切、補足いたしません（笑）。

松本　よろしくお願いします。続いて、フィナンシャル・タイムズ東京支局長のロビン・ハーディングさんです。

ロビン・ハーディング　フィナンシャル・タイムズ東京支局長（以下、ハーディング）　皆さん、こんにちは。今日のシンポジウムに招待いただき、誠にありがとうございます。今回の日本滞在は4年くらいで、その間、フィナンシャル・タイムズは日本経済新聞社に買収されまして、ある意味で日本の記者になった気持ちです。よろしくお願いします。

松本　共同通信社特別編集委員、杉田弘毅さんです。よろしくお願いいたします。

杉田弘毅　共同通信社特別編集委員（以下、杉田）　皆さん、こんにちは。これだけたくさんの人が集まっているということは、このテーマ（「米中激突、揺れる国際秩序」）は大変、刺激的なのでしょう。今日のパネリストは私を除いてですけれど大変魅力的な方々ですし、寺島先生の話をぜひ、この機会に聞きたいという皆さんの気持ちの表れだと思います。私とハーディングさんが記者活動というかメディアの人間です。こうしたパネルディスカッションに出ると、メディアの人間は報道の質の悪化について責任を指摘され、こういうことをもっとやってほしい、なぜやらないのか、という追及を受けて被告席に座っているような気持ちになりますが、おそらく今日もそういう展開になるかと思います。その覚悟はできておりますので、どんどん厳しい質問をぶつけてください。よろしくお願いいたします。

松本　以上のパネリストの方々と、これからディスカッションをしてまいりたいと思います。ここからの進行について説明します。前半は各パネリストの皆さま方に15分程度、それぞれのお立場から問題提起のプレゼンテーションをしていただきます。後半にはパネリストの方々と米中問題や揺れる国際秩序、あるべきメディアの姿について議論を掘り下げていきたいと思います。

　前半のプレゼンテーションです。本日（18年11月6日）は米中間選挙の投票が始まり、トランプ大統領の2年間の評価が問われます。トランプは何を目指しているのでしょうか。米国は「特殊な使命を帯びた国」という感覚を捨て、「普通の大国」として、ほかの国と同様に身勝手に振る舞うと居直ったかのようにも見えます。三浦さんに「トランプの米国は何を目指すのか」についてプレゼンテーションいただきます。よろしくお願いいたします。

トランプの米国は何を目指すのか

三浦　ありがとうございます。まず「トランプの米国は何を目指すのか」について考える前提条件として、なぜトランプが当選したのかというところからおさらいしたいと思います。全米の、いわゆる投票した人の票を足し合わせると、トランプがヒラリー・クリントンに届かなかったことはよく知られていると思います。

三浦瑠麗氏

これを「ポピュラー・ボート」と言いますが、トランプはそうではなく、州ごとの選挙人を獲得する戦略を巧妙にきちんと立てて戦略で勝ったのだということが、もはや一般的になっていると思います。

2016年の時点では偶然勝った、あるいは隠れトランプがいたという、ちょっと説明にならないような説明で乗り切る有識者が多かったので、彼の「戦略」というものをここで考えてみるべきだと思います。戦略というのはどういうことなのか。米国は二大政党で非常に分極化が進んでいます。二大政党を分ける指標としては、英国などは階級が大きな意味を果たしていますが、米国ではやはり人種問題、それから大きい政府と小さい政府ということが関わってきている側面が強いと思います。

つまり、米国の左右対立というのは往々にして、どのくらい税金を取って税金を使うかという経済の成長と分配のどちらをより重視するのかという対立軸に加えて、人種問題が不断に絡んでくる展開を見せるわけです。トランプはもともと民主党を支持していた経緯もあって、少なくともお年を考えると、そんなに人種差別的だった人だとは考えにくい。私の親戚でノースカロライナにいる一族は、みんなジョンソン政権時代に民主党から共和党にくら替えしています。そういう意味で、黒人差別の最先端を知る人間としては、トランプは都会的なリベラルなのかな、という印象です。

では、なぜトランプは共和党から出たのか。共和党は経済政策でいうと成長重視です。その成長重視の中で、分極化の影響から必要以上に右の政策を取る候補しか予備選を通らなくなってしまった。結果的に白人労働者という人口ボリュームのゾーンを取りはぐれてしまう可能性が出てきたわけです。よく「お弁当を職場に持っていく人々」と言われる普通の労働者になかなか目が向かなくなってき

ていた。そういった労働者の中でも、保守的な白人男性にターゲットを絞って、宗教的価値観あるいは多様性をちょっと否定するような態度で票を引き付けようという社会政策の面が強かったと言えます。

　社会政策で中間層を引き付けようとする政策というのは、憎しみや対立をあおるものです。トランプはその手法を踏襲しています。踏襲した上でさらに過激にし、経済政策においては実は中間層に歩み寄った。そんな大統領候補だったと言えます。つまり、経済政策で「極」ではなく「中間」を取る以上、社会政策で保守をあおる必要があったのだと。この戦略によって、トランプはいわゆる「ラストベルト」といわれるさびれた工業地帯の白人労働者層を引き付けることができたわけです。

なぜ見込み違いが生じたのか

　民主党は手をこまねいてただ眺めていたのかといえば、もちろん白人労働者にターゲットが絞られていることは気付いていました。しかし選挙戦の終盤、ヒラリーはオバマ大統領を動員して南部にてこ入れを図ります。つまり、人種問題こそが2016年大統領選を左右する要素だと狙いを定めたわけです。しかし、実際に起こったのがどういうことかといえば、南部ではむしろ負けた。北部産業州という、てこ入れをしなくても大丈夫だと思っていた所でも負けた。つまり、黒人の票が取れなかったのに白人労働者の票も取れなかったということです。

　なぜ、そのような見込み違いが生じたのか。過去の黒人の投票率を見ますと、白人に次いで高い投票率を出しています。アジア系、ヒスパニック系が大体47〜49％辺りを推移しているのに比べると、白人は前回65.3％で、黒人は59.6％。日本に比べたらそれなりに高いと思われる方がいらっしゃるかもしれませんが、地位向上を目指す人々が、なぜここまでしか投票に行かないのだろうか、という疑問が湧きます。実は、黒人の投票率は前回のオバマが再選された大統領選では65％以上をたたき出していました。

　グラフで見ると08年、12年の大統領選で非常に高い上昇カーブを示しているわけです。それが16年にどんと落ちる。こういうグラフを見ると、上がっているから黒人がエナジャイズ（エネルギーを与える）されたと。オバマが初の黒人大統

米デトロイトでトランプ氏を批判するメッセージを掲げてデモ行進する人たち＝2016年9月3日（ロイター＝共同）

領として登場し、今後は黒人の投票率が高くなるという誤った見込みを民主党が抱いてしまった。それゆえに全ての計算が狂ってきます。例えば、都市部の票がどれだけ民主党に行くかは、単純に黒人の投票率に左右されるわけです。しかし、ヒラリーがビル（・クリントン）と同じぐらいしか投票率を呼び込めないということ、こんな冷静な事実がまるで分かっていなかったということです。

　冷静に考えれば、黒人男性は必ずしも女性問題に関してリベラルというわけではありません。ヒラリーに投票するより、自分と同じ黒人で男性のオバマに投票したくなる気持ちは分かります。普通の頭で考えれば当然と思われることを、それぞれの人が希望的観測でもって予測を誤ったということが、トランプ大統領誕生の背景にあるわけです。

　先ほど、トランプは経済的に中等の人を引き付けようとしたと申し上げました。実際、トランプになって何が変わったか普通の人たちに聞くと、大抵「税金が安くなって良かった。助かった」と言います。特に子育て世代です。この子育て世代に対する控除拡充や所得税簡素化、これはもちろん大企業減税とセットで行われているわけですが、こういった負担軽減が実際に中間層を潤していることは確かです。ただし副作用の方、例えば人種的な憎悪をあおり、あるいは不法移民を必要以上にバッシングをするなど、やっている政策自体は大した変化はないのですが、レトリックがあまりに過激で、しかも不愉快なものが多い。これが今の米国の分断の本質です。経済的な分断や外交政策を巡る分断ではない。ここが日本から米国を見るときの肝ではないかと思います。

本能に従って外交政策を決める

　質問に立ち返りまして、トランプの米国はどこへ行くのでしょうか。国内的には中間選挙でどういう結果が出ようとも、今後、政権運営は苦しくなっていきますから、やり切れる改革は全てやってしまった。大型減税も通してしまった。政権が外交政策に前のめりになることは当然、予想できるわけです。国内政治では、もはや移民政策や中絶を巡る問題、ガンコントロール（銃規制）ももう動きません。1ミリも動かないまま憎しみだけが語られる状況になっていくことが容易に予想されます。

　とすると、トランプはどのような外交に打って出るのだろうか。ここはトランプが本能に従って外交政策を決めているという特徴を見るべきではなかろうかと思います。この本能というのは、主に一般の人々が考える「脅威認識」というものです。米ソ冷戦中の貿易は、互いの（貿易額の）1％程度を上回ることはなかった。そのような、まるで経済的に相互依存していない世界では、ソ連の人々を悪役として描き、恐れ、はるか上空のかなたから自分たちを監視しているのではないか、という恐れを米国人が普通に抱くことはありました。

　しかし現在の中国に対する脅威は、そのような単純な敵味方のロジックでは語りづらいものになっています。一般の消費者を相手に「脅威度調査」というものをしてみたらどうなるか。習近平とプーチン、ビンラディンの顔を並べて誰が一番怖いかと聞いたら──ビンラディンはもう亡くなっていますが──普通の人々は「イスラミック・テロリズム」が怖いと言いだすに決まっているということです。

　そういった一般の人の認識を反映して、トランプは選挙戦中からかなり明確な外交政策の優先順位を打ち出していました。2016年4月27日でしたか、外交演説で「共有認識の『イの一番』はイスラム原理主義」としています。イスラム原理主義に今後、最優先で取り組むということです。その含意は決して戦争に行くといったものではなく、国境の守りを固める、いわゆる国防重視の考え方に寄っていくことになります。従って、必然的に「帝国」からの撤退傾向を秘めた優先順位だと言うことができるわけです。2番目に脅威として挙げたのは、米国の経済

が相対的に負けつつあるという認識です。これは中国のことを指しています。中国が米国に経済覇権で勝ちつつあるのではないか。従って、今の「米中貿易戦争」とも言われる事態が生じているのは、いきなり生じたものではなく、公約通りのものだということです。

変動する世界の中で描く世界秩序

　これからどういう展開になっていくのか。国防重視で海外権益をあまり重視しないとすると、同盟国に対して負担を迫り、自分たちのできる範囲内ではなく、もっと頑張って防衛を分担してくれとなります。現にやっています。それに加えて、技術覇権や経済覇権と軍事覇権がクロスする領域、つまり新産業分野の技術にどんどんお金を割いていくことが考えられます。それは人工知能（AI）技術や宇宙空間での軍事のための技術、サイバー技術などの分野です。こういった技術を応用した兵器は今後の軍事覇権を左右するだけでなく、民生技術と同じものです。つまり、巨大な軍事予算をその分野につぎ込めばつぎ込むほど、次世代産業のリーディングカンパニーを米国企業が独占することになります。

　米国が取っている戦略というのは、われわれからしたら好ましくないのかもしれませんが、十分に筋が通っているということになります。その筋が通ったストーリーの先に何があるのだろうか。残念ながら米国が「世界の警察官」としての役割を低下させて、同盟国に対するコミットメントを低下させるけれども、経済覇権のためには遠慮なく戦う。しかし、その戦いは血を流す戦争ではなく、サイバー攻撃といった最先端の技術で戦われる、あるいは外交交渉ということになります。

　そういった中で、われわれがどうしていくかということは、中国に関する現状認識も踏まえながら討論していきたいところです。基本的にトランプがむちゃくちゃなだけではなく、戦後秩序が70年余り続いた後に必然的に生じたシナリオなのです。それに対してわれわれは、米国が今後、ずっと守ってくれるという妄信を抱かずに、守ってくれる分には守っていただきたいけれども、変動する世界秩序の中で自分たちがどのような世界秩序を思い描くのかという方向から考えていくべきではないか、というふうに申し上げて、私の最初のプレゼンは終わりにさ

せていただきたいと思います。

松本 ありがとうございました。プレゼンテーションの中にもありましたが、米国は世界の警察官という立場を降りて、同盟国へのコミットを低下させるということは、世界秩序の中のリーダーを降りようとしていると言ってもよろしいのでしょうか。

三浦 その質問に関しては、秩序というものが経済的な権益を守る自分のための秩序なのか、それともほかの人の幸福まで含めた秩序なのか、ということだと思います。つまり、英国から米国への覇権交代の際には、英国の商業利権は守られ続けたわけです。しかし今回、覇権交代が起きるとすれば、米中は全く異なる経済体制、政治体制で、しかも文化的にもまるで近接性がないということが挙げられますので、米国が今後引いていきたいと思っても、商業利権を守る程度の力を残さなければいけないという状況が生じます。ただ、警察官の役割から降りるという行為が最も効いてくるのは（米国の）関心が薄い地域、つまり内戦で破綻国家が出来上がっている、あるいは中東のようにバランス・オブ・パワーの秩序で回っており、誰が正義で誰が悪かということが言えない、言いにくい地域に関しては、どんどん関与を実態として薄めていくのだろうと思います。

松本 ありがとうございました。次に、中国の戦略について考えてみましょう。欧米中心の国際秩序に対抗して、現代版シルクロード経済圏構想「一帯一路」を提唱してから、この秋で丸５年を迎えました。一帯一路構想は順調に進展しているのでしょうか。また、中国はハイテク分野の育成を国家の将来を左右する重要な国策と位置付けていますが、米国を追い抜いて「ハイテク強国」になり得るのでしょうか。柯隆さんにお話ししていただきたいと思います。よろしくお願いいたします。

「三つの罠」にはまりつつある中国

柯 ありがとうございます。これだけのことについて、わずか15分で話せと言われました。中国共産党に負けないくらい強引なリクエストです。幸いわが国は

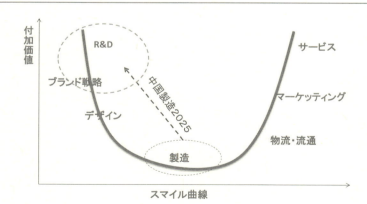

5000年くらい歴史があって、時間厳守だけはできない、ということを一言申し上げておきたいと思います。

発表資料作成ソフトを作りましたので、それを参照しながらお聞きいただきたいと思います。三浦先生から中国は米国からどう見られているか、分かりやすくお話しいただいたので、私

柯隆氏

からは中国が米国をどう見ているか、今、中国がどういう状況にあるのか、あるいは習近平国家主席、習近平政権がどんな状況にあるのかという話を先にさせていただければと思います。ただし危険な話は一切しませんので、期待はしないでいただきたいと思います。

今の中国がどういう状況にあるかですが、われわれ中国経済を研究している人間、あるいは政治社会を見ている者からすると、「三つの罠」にはまりつつあると言っていいと思います。一つ目が「中所得国の罠」です。どういうものかというと、人件費の安い時、かつて日本や東南アジアもそうでしたが、どんどん安い物を作って大量に輸出して外貨を稼ぎ経済成長する。この中所得国の罠を定義したのは世界銀行の研究チームでしたが、残念ながら今、中国も似たような状況に陥っています。

中国の「一帯一路」だとか「中国製造2025」という話がありましたが、それはどういうものなのか。世界のサプライチェーン（部品の調達・供給網）の中で中国がどこに位置しているのかというと、一番付加価値の低い製造加工工程、生産加工工程です。中国の商務大臣がかつて繰り返し言っていたことですが、中国が米国からボーイング737型1機を輸入するのに、大体3億枚ぐらいのワイシャツを作って輸出しなければいけない。かつては外貨が足りなかった時代でしたから頑張って作る。ここに来て中国は、もう少し付加価値の高い研究開発とか、サプライチェーン、バリューチェーン（国際分業）の中でより有利なポジションを取

中国が直面する三つの罠

「三つの罠」

- 中所得国の罠
- タキトゥスの罠
- トゥキディディスの罠

中所得国の罠

- 新興国が低賃金の労働力等を原動力として経済成長し、中所得国の仲間入りを果たした後、自国の人件費の上昇や後発振興国の追い上げ、先進国の先端イノベーション（技術力等）の格差などに遭って競争力を失い、経済成長が停滞する現象（世界銀行「東アジアの奇跡」）

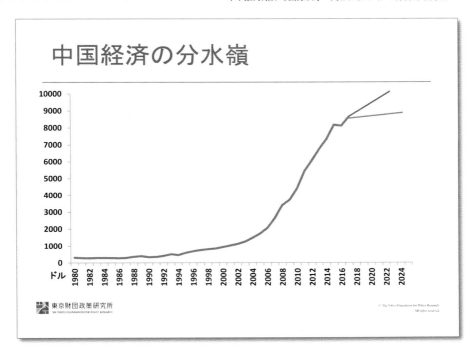

りたいと考えて、いろいろ頑張っているわけです。

　中所得国の罠から脱出できるかどうかですが、今中国の1人当たりの国内総生産（GDP）は大体9千ドルぐらい。日本は3万2千ドル前後だといわれていますが、中国ですから、恐らく1万ドルを超えると思います。そのまま2万ドルに行って、先進国になれるかというのは分かりません。これからの中国の発展戦略に懸かるわけです。

誰が中国人を養うのか

　中国経済がどのようにして発展してきたかというと、幾つかの大きな変数があります（54ページの図「中国経済成長のボーナス」）。一つが、長い間「人口ボーナス」がありました。中国には13億人いて労働力はものすごく余っていましたが、ここにきて終わりつつあります。一人っ子政策が40年続いたので出生率が低下したままで、早ければ今年（2018年）の年末までに出生制限が全部解除されるという話が既に出てきています。かつて出産制限をした時は産めなかったのですが、

中国経済成長のボーナス

人口ボーナスの終焉	出産自由化
都市化ボーナス	工業化
人材教育ボーナス	効率化
公共投資ボーナス	インフラ整備

東京財団政策研究所

タキトゥスの罠

- 政府に対する信頼が大きく失われている時には、真実であろうと嘘であろうと、また良いことであろうと悪いことであろうと、民衆に全て嘘であると見なされること（政府の言うことが全く信用されないこと）

解除するからといって産むかというと、豚じゃないんだから産んでくれない可能性が結構高い。しかも経済が発展すればするほど、そこが難しくなる。

2番目の変数は「都市化ボーナス」といって、農村の一部を都市化していく。そこに農家を移住させて産業化、工業化する。サービス業も発展するだろうし、経済も発展する。このシナリオ、夢物語を誰が語ったかと言うと李克強首相でした。なかなか立派な政策だと思われるでしょうが、実はこの話には罠があります。農家の一部が都市化されるわけで、誰が先に都市化されるかというと経済力と体力のある農家が先に行くわけです。農村に残るのは、衰弱して年を取っている人たちです。では、中国の農業を誰がやるのかという話になる。都市化を性急にやればやるほど農業が大変だし、1995年にレスター・ブラウンという研究者が提示した「誰が中国人を養うのか」という議論があり、この命題が再び浮上してくる可能性があります。

3番目は「人材教育ボーナス」です。普通のインド人を見ると、わが国と比較して向上心がものすごく強い。中国の親も子どもの教育にものすごく熱心です。この人材教育はとても素晴らしい話です。けれども調べてみたら今、米国の大学にどのぐらいの中国人が留学しているかというと、米国側の統計ですが34万人です。エリートの多くが米国に留学している。日本は中国からもっと人材を引き付ける努力をしなければいけない。科学技術振興機構に頼まれてこの調査をやった時、僕みたいに中国から三流、四流の人ばかり来ていて、もっと一流の人を引き付けるべきだろうと提案しました。うなずいた人も何人かいましたが（笑）、（中国では）人材の流出がものすごく加速している。

最後に「公共投資ボーナス」。先ほど寺島先生の話にもありましたが、インフラです。ただ、中国のインフラ整備は北京オリンピック、上海万博と、2008、10年に大体一巡しましたので、これ以上拡大していくのは、たぶん難しいでしょう。これが中所得国の罠で、脱出するのは難しいと思います。

目指すはリー・クアンユー時代のシンガポール

2番目は「タキトゥスの罠」。これはギリシャ語、ギリシャ人の名前なので、日本語では発音しにくいのですが、どういうものかというと「政府が国民に信用

権威なき権力の不安定性

 権威ある権力

 謀略的権力

 権威があるのか

中国のリークアンユー？

毛的ユートピアは非現実的

名目の民主主義・実質的独裁

されなければ何を言っても無駄」という状況です。正直に言うと、今の中国あるいは共産党が中国国内で置かれている状況が極めてよく似てきました。中国共産党が国民に信用されていないかというと…。私は言っていません。皆さん忖度してください（笑）。いかなる政府も国民から信用されなければいけない。先ほど三浦先生の話を伺っていて、トランプ大統領は本当に米国人に信用されているのかという疑問を少し持ちました。

　中国共産党の歴史を振り返ると、代表的な３人を挙げられます。最初は毛沢東で、この人は政権を取ってから27年間、国家主席の椅子に座ったわけです。20世紀の世界は、不幸にも３人の暴君に直面しました。まずヒトラー。六百何十万人のユダヤ人が殺されたと言われています。２番目はスターリン。どれくらい殺されたかはロシアの専門家ではないので分かりません。３番目は毛沢東です。数千万人か何千万人か、きちんとした統計がないのですが、少なく見積もって２千万人以上、最も多く見積もると７千万人くらいが犠牲になったと言われています。とはいえ、この人は「権威ある権力者」だったと言えると思います。小さい頃のことを覚えていますが、毛沢東の悪口を一言でも言ったら連行されて、場合によっては死刑になるくらいですから、本当にすごい権威を持っていた。

　２番目は日本に来たことがある鄧小平です。毛沢東ほどの権威はありませんが、非常に頭が良くて、謀略的な権力者です。最後は習近平です。この人に権威があるかどうか、皆さん自分で考えてください（笑）。

　これから中国はどこを目指すのか。寺島さんが基調講演の中で、毛沢東時代に逆戻りしようとしているとおっしゃっていましたが、私は違うと思います。なぜかというと、権威のない人が権威ある毛沢東になろうなんて無理な注文です。今の中国人の間でも、毛沢東のユートピアというのは現実的にあり得ません。信用されませんから、まさに「タキトゥスの罠」です。

　実は、彼が目指そうとしているのは（故）リー・クアンユー（初代首相）の時代のシンガポールです。シンガポールは非常に不思議な国です。名目上は民主主義ですが、実際は独裁政治です。しかもリー・クアンユーは、死ぬまで権力を握っていたわけです。習近平はリー・クアンユーになろうとしているのだろうと見ています。目指そうとしているけれども、リー・クアンユーは英ケンブリッジ大を出ているので、習近平がそこまでの資質を持っているかどうかは分かりません。

トゥキディデスの罠

- 既存の覇権国家とそれに挑戦する新興国とのぶつかり合い（戦争状態）で、ギリシャの歴史家トゥキディディスに因んで作られた造語（ハーバード大政治学者グレアム・アリソン）

- この命題に則って考えれば、米中の対立は不可避であり、貿易戦争はそのきっかけに過ぎない

「中国の夢」-急がば回れ

覇権国家アメリカの壁	東北振興
	西部大開発
既存の国際秩序	「一帯一路」
	「中国製造」2025
脆弱な技術力	上海協力機構
	中国アフリカサミット
	孔子学院
国民的コンセンサス	創業　創新

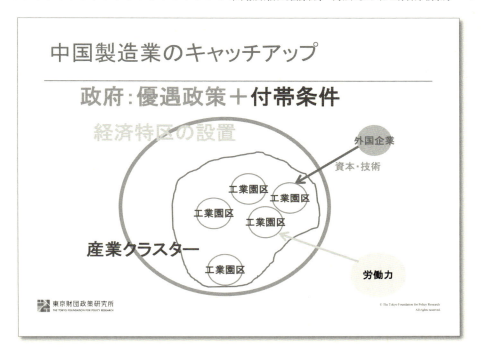

　最後は「トゥキディディスの罠」という、またギリシャ人の名前です。どういうものかというと、まさに今、米中貿易戦争が起きている理論的背景です。米国が既存の覇権国家で、新興国の中国がそれにチャレンジする。チャレンジしようとすると、必ずや戦争状態になっていくわけです。かつて米国が英国にチャレンジしたのと同じです。

　チャレンジとはどういうものかというと、中国のやり方ですが、いろんなビッグプロジェクトを考えるわけです。ご存じの方もいらっしゃると思いますが、例えば、江沢民の西部大開発、胡錦濤の東北振興。これらビッグプロジェクトのほとんどが頓挫してしまいました。習近平政権になってから言われたのが「一帯一路」「中国製造2025」、対外的には上海協力機構、この間北京で開かれたアフリカ・サミットなどいろいろございます。この中で検証すべき点が一つあって、今までのプロジェクトがなぜ頓挫したかというと、国民的コンセンサスが得られていなかったためで、「一帯一路」が国民的なコンセンサスを得られているかどうかが大きなポイントになります。

米中貿易戦争はどうなるのか

　40年間続いた中国の改革開放政策を振り返るために、どういうモデルだったか分かりやすく図を作らせていただきました（59ページの「中国製造業のキャッチアップ」）。まず一つの区域を書いて経済特区を設置する。安倍政権になってからも経済特区を造っていますが、それは加計学園の話で中国とはちょっと違う。（中国では）エリアを決めて、その中で工業園区、日本語で言うと工業団地をたくさん造る。そこに外国企業へ優遇政策を付与して資本と技術を持ってきてもらい、中国側は工場と労働者を用意する。気が付いたら、産業クラスターができている。中国の産業は自動車や半導体、エレクトロニクスなどをキャッチアップしてきました。ただし忘れてはならないのが、必ず一つ付帯条件が付いています。昔は外国企業に対して外貨バランスを取るように、すなわち中国で売るだけではなく、輸出もしなければいけないという付帯条件があった。それから中国企業とジョイントベンチャーするときには技術移転をしてくれと。これも今回の貿易戦争の遠因の一つです。

　この産業のキャッチアップ、技術力強化というのが、私から見ると初期段階は良かったのですが、ここに来て機能しなくなった。そこで立ち上がってきたのが、先ほど寺島さんが繰り返しおっしゃっていた「ニューエコノミー」の部分です。中国のニューエコノミーの技術力が強いのか、弱いのかよく質問されます。インターネットユーザーだけで8億人を超えていますからプラットフォームについては非常に強いと思います。でも、それを支えるIT技術はそれほど高くない。今、習近平政権が何をやろうとしているのかというと、国営企業と民営企業の混合所有制といってハイブリッドしていくことです。

　技術の由来をどうしているのか整理しました（左ページの図「中国企業の技術の源」）。一つは、外国企業が中国に進出したときに市場の一部を譲るので、その技術を移転してくれと。これにはサクセスストーリーと失敗した事例の両方あります。2番目が自社開発。どういうものかというと、製造業の大企業に行くと見掛けるのが「ポストドクター・ステーション」というもので、財政から資金がつぎ込まれて、たくさん設置されています。ただし、彼らは基礎研究をあまりやら

長期化する貿易戦争

貿易不均衡

国有企業補助金

知財権侵害

ダンピング

結論：Global Supply Chainの再構築

- Global Communityの秩序：WTO改革
- TPP、RCEP、FTAの役割
- 多国籍企業のAsset reallocationとグローバル戦略
- 中国の一帯一路戦略の行方とAIIBの役割
- 中国の夢－技術的ヘゲモニーMade in China 2025
- 経済のグローバル化VS新冷戦

ず、「リバースエンジニアリング」といって既存の製品、商品をばらばらにして部品1個ずつを計測し、もう一回組み立てられるかどうか、同じような物を作れるかどうか、ある意味、まねすることをよくやります。

3番目は買収。買収というのは中国の自動車メーカーが（スウェーデン乗用車大手）ボルボを買収したのと一緒です。この場合、一つ限界がありまして、買収したボルボの技術をさらに進化させる力を持っていないのが非常に残念です。最後の4番目はその他で、この変な形にしているのが「知財侵害」の部分です。これをいかに取り除くかが大きな課題です。

最後に貿易戦争はどうなるかです。わざとこの表情の写真を探してきたわけではなく（左ページ上の図「長期化する貿易戦争」）、適当にグーグルで探したらこれが出てきました。相当長期化するだろうと見ていましたが、大きな変化がありました。中国の王岐山国家副主席がシンガポールで講演しました（2018年11月6日）。いよいよ彼が出てきたわけです。もう一つ、北京から伝わってきた情報によると、中国はかなり大きく譲歩するパッケージを用意している。恐らく、アルゼンチンで始まる20カ国・地域（G20）首脳会合でトランプ米大統領に示し、ソフトランディングを図って少しトーンダウンさせようとしています。中国も恐らく米国も、そういうふうに考えているのだろうと思います。

この前、安倍晋三首相が北京に行ってきたわけですから、日中の今後、特に日本企業にとって重要なのが、ここにある「グローバル・サプライチェーン」「アセット・リアロケーション」の再構築です（左ページ下の図「結論：Global Supply Chainの再構築」）。これらをどういうふうにやっていくのかが重要な課題になってくると思います。私の問題提起は以上とさせていただきます。

松本 ありがとうございました。ここで一つ質問ですが、米中貿易戦争は長期化するのではないかと思うものの、いったんトーンダウンするのではないかと話されました。それは保護主義に傾く米国に代わって、本音としては中国が新たな国際秩序の構築を目指し、リーダーになっていきたいと考えているのでしょうか。それには日本も巻き込もうとしているのでしょうか。

柯 中国の本音は国家機密に関わる話ですが、中国はいつも「ピースフルなライ

ジング（平和的な台頭）」と言っています。過去100年の歴史を振り返っても、もう一回世界のリーダーになりたい。なりたいけれども、この１、２年の動きを見ていると性急過ぎたと思います。「急がば回れ」という言葉もあるように、鄧小平の時代は我慢して耐えた。習近平になってからの中国は、世界のリーダーになる資格はあると思っています。でも、私から見るともう少し、あと10年、20年我慢すべきだったのではないかと思います。

松本　ありがとうございました。米中激突や揺らぐ国際秩序の中で日本は微妙な立場に置かれています。例えば、日米２国間の自由貿易協定（FTA）交渉を迫る米国に対して、安倍政権は多数の国が参加する環太平洋連携協定（TPP）や東アジア地域包括的経済連携（RCEP）など、メガ FTA の拡大こそ重要であるという立場を取っています。フィナンシャル・タイムズ（FT）のロビン・ハーディング東京支局長は日本政府の立場をどう見ているのでしょうか。また、日本のメディアの報道についてもどう見ているのでしょうか。よろしくお願いします。

世界の根本的な変化に対する報道が不十分

ハーディング　ありがとうございます。柯隆さんの完璧な日本語の後に、私の下手な日本語で発表するのは恥ずかしいのですが、丁寧ではなかったり、間違ったりしているところがあると思いますので、許してくださいと先に伝えておきます。

　今日は、三浦さんと柯隆さんが話された世界で起きている変化についてと、日本のメディアがどのようにカバーしているかについて発表させていただきます。外の目で見て、日本のメディアがどうカバーしているのかについては科学的に正しい答えではないと思いますが、あくまで個人の印象を伝えておきたいと思います。

　主に２点、お話しさせていただきたいと思います。日本のメディアは全体的に、英国の欧州連合（EU）離脱とかトランプ米大統領の報道については、正確で偏りのない報道だと思います。実際に海外のメディアに比べると、より正確で偏りのない報道であるときもあり、これは誇りに思えることです。２点目ですが、日本のメディアが何を海外でカバーしているのかについては、ちょっと疑問があり

ます。海外の政治的な動き
は大きく報道していますが、
世界の根本的な変化に対し
ては報道が十分かどうかは
疑問です。日本のメディア
は国際問題になりそうなこ
とに対する報道がちょっと
遅いと思うことが時にあり
ます。幾つかの例を挙げて
説明します。

ロビン・ハーディング氏

　毎年１月１日、FT のシニアの記者は、新年予測の記事をまとめて書きます（次ページ下の図　Every year the FT publishes forecasts）。このルールは結構厳しくて、それぞれの記者は質問に全てイエスかノーを答えなければいけません。ちょっとリスクの高い記事です。私は「日本銀行は利率を上げるかどうか」という質問には「ノー」と答えるので安全ですが。

　2016年の予測について見てみましょう。まず「ヒラリー・クリントンが大統領選に勝つかどうか」についてはどうでしょうか（67ページ上の図　Will Hillary win？）。「ヒラリーは勝ちます」。これは16年１月１日に出された予測です。この丸の中を見ていただければ、ライバルを誰としているのかが分かります。「テキサスのテッド・クルーズ上院議員はヒラリーに負ける」という予測があります。この中に出ていない重要な言葉は「ドナルド・トランプ」です。エド・ルースという同僚はとてもいい記者ですが、この予測が成功したとは言えないでしょう。次は「英国が EU を離脱するかどうか」の予測です。答えは「ノー」で、英国は離脱しないという予測がありました（68ページ上の図　Will Britain leave the EU？）。この中には「移民」という言葉も出てないことに気付くでしょう。

　予測するのは大変難しいこととはいえ、良い記録ではない。このような予測を日本のメディアで探しましたが、16年１月１日付では「毎日新聞」の記事しか見つかりませんでした（68ページ下の図　Will Hillary win?）。毎日新聞の記者は明確な予測をしていませんが、ドナルド・トランプの名前がちゃんと出ているし、

Japan's media in the Age of Trump

Robin Harding, 6th November 2018

Every year the FT publishes forecasts

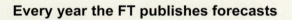

> **Will Hillary win?**
>
> Yes. It will be a rollercoaster election — and the nastiest in memory. Mrs Clinton will be pilloried by her Republican opponent Ted Cruz, for her character flaws and weaknesses in the face of America's enemies. A large chunk of the electorate will hold up the Clinton name as an emblem of all that is wrong — and corrupt — about today's America. But elections are still won in the centre, or what is left of it, and Mr Cruz will be too far to the right of the median voter to make it to the White House. Despite uncomfortably close polls, Mrs Clinton will win the electoral college by a landslide. Democrats will take back the Senate. But she will start her term in a very polarised Washington. There will be no honeymoon.
>
> *Edward Luce*
>
> FT FINANCIAL TIMES

不法移民の話も出てきている。「既存政治に不満が強い」という話も出てきました。「英国がEUを離脱するかどうか」について明確な予測はないのですが、「移動の自由」というキーワードがちゃんと出ています（69ページ上の図　Will Britain leave the EU？）。毎日新聞には結構、いい記事があったと思います。きちんとした予測ではないのですが、大事なことは16年の最初に出ていたということです。

　日本全体のメディアのカバレッジ（報道）について言えば、見たことについては何が大事なのかきちんと書いてあって、偏りとか不公平はあまりない。私は英国人で、EU離脱について個人的な意見があります。そういう意味で、FTがニュートラルな立場から報道できたかどうかは反省しなければいけないところです。FTの読者より日本の新聞の読者の方が、16年に起きたことに驚かなかったかもしれません。

関心ないテーマのカバレッジが少ない日本メディア

　大きな政治の出来事はよくカバーされていると思います。しかし、もっと深い

Will Britain leave the EU?

Will Britain leave the EU in the referendum expected in 2016?

In depth

Britain's EU referendum

David Cameron is under pressure from all sides and faces a delicate balancing act in attempting to renegotiate an acceptable UK membership settlement with the EU

No. Britain will vote to stay in the European Union. Not with any sense of enthusiasm or excitement but because the innate common sense of British voters ultimately will prevail. Forget the technical arguments about whether David Cameron manages to secure a good deal in his renegotiation or whether the UK gets back its contribution to Brussels in increased investment and trade. Consider instead the protagonists on both sides. In the end voters will choose between the calm logic of former prime minister John Major and the populism of Ukip's Nigel Farage. My money is on Mr Major. If I am wrong, Britain faces truly turbulent times.

Philip Stephens

Will Hillary win?

　海外の動きを日本のメディアはどのようにカバーしているのでしょうか。一つは大麻合法化についてです。米国での合法化は世界全体に大きな社会的変化をもたらします。ウルグアイで2012年に始まったのですが、14年に米コロラド州で合法化され、世界中に広がっている傾向です。しかし、日本はそれほど関心を持っていないように思えます。

　日本の五大新聞のカバレッジを、英米の新聞と比較してみました（70ページ上の図　What gets covered？　Cannabis in Colorado）。日本の新聞は毎日と朝日、読売、産経、日経です。米国と英国はワシントン・ポスト、ニューヨーク・タイムズ、ウォールストリート・ジャーナル、フィナンシャル・タイムズとロンドン・タイムズです。大麻合法化関連の記事の数を比べると、日本では非常に少なく短い記事しかない。この大麻合法化という大きな変化が日本でカバーされているのか疑問を持ちます。

　同じように、12～18年の幾つかの国際的な記事を比較してみました（70ページ下の図　What gets covered？　World News Stories）。ご覧のように、日本のプレスはスペインからのカタルーニャ独立の可能性や、ハンガリーの右派政権とオ

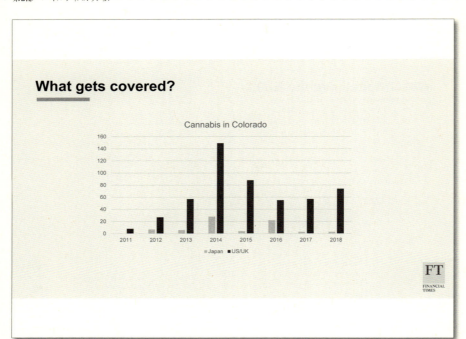

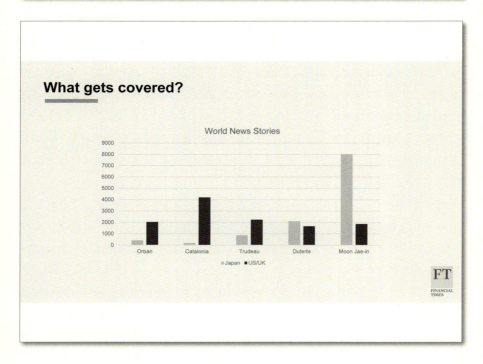

ルバン・ビクトル首相について、ほとんど興味を持っていませんでした。しかし、この二つは欧州を理解するために大切なテーマです。当然のこととして、日本メディアはフィリピンのロドリゴ・ドゥテルテ大統領や韓国の文在寅大統領については興味があります。英国と米国のメディアには、ドゥテルテとか文在寅についてカバレッジがあります。日本のメディアはカタルーニャやオルバン、カナダのトルドー首相でも、関心のないテーマに対してのカバレッジが少ないというのが、このスライドのポイントです。

事件が持つ意味の理解が遅いのではないか

　最後に、最近の国際的ニュースのケーススタディーをしたいと思います。サウジアラビアのジャマル・カショギ記者の殺害です。これはFTの最初の記事です（上図　Case study－Jamal Khashoggi）。10月4日付の記事だということに注目してください。記者は2日に殺されたことが明らかになっています。同じ方法を使いますが、欧米のメディアは日本のメディアに比べて関心が高かったことは明

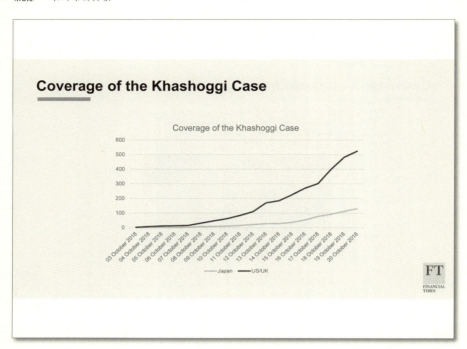

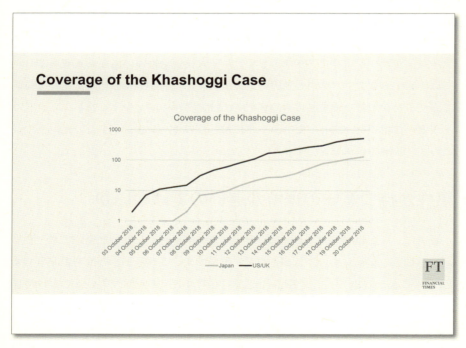

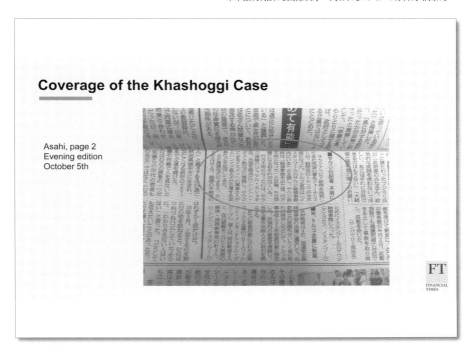

らかです。

　カショギ氏はワシントン・ポストの記者でもあるので当然だと思いますが、興味を持ったのは、この最初のところです（72ページの図　Coverage of the Khashoggi Case）。この話が重要であると日本のメディアが気付いたのはいつなのでしょうか。FT は 4 日から報道が始まりました。ワシントン・ポストはその前、米国時間 3 日に最初の報道がありました。日本での最初の報道は 5 日の朝日新聞夕刊です。共同通信とか時事通信は地方メディアのベースで 4 日、5 日に記事がありましたが、今は新聞だけで比較しています。

　日本のメディア、プレスは10月 4 日か 8 日。間違っているかもしれません。けれども、日本のメディアが実際に関心を持ったのはこの辺りです。トルコが「カショギは殺害された」と発表しました。やはり、海外のメディアがこの重要性を先に理解したということです。日本のメディアは何を報道したのか。朝日新聞の最初の記事は結構短くて（上図　Coverage of the Khashoggi Case　Asahi, page2 Evening edition October 5th）、日本の読者の多くが、この事件がどのように展開していくか対処できなかった恐れがあります。

Coverage of the Khashoggi Case

Yomiuri, page 7
Morning edition
8th October 2018

Coverage of the Khashoggi Case

Financial Times
Front page
13th October 2018

　これは読売新聞の最初の記事です（74ページ上の図　Coverage of the Khashoggi Case　Yomiuri, page7 Morning edition 8th October 2018）。この事件は13日、FTのフロントページの記事となり、16日に再び掲載しました（図 Coverage of the Khashoggi Case　Financial Times Front page 13th October 2018, 16th October 2018）。最初に日本の新聞のフロントページに出たのは、同じ16日の朝日新聞の夕刊です（76ページ上の図　Coverage of the Khashoggi Case Asahi, page1 Evening edition 16th October 2018）。

　これから何が言えるでしょうか。日本のメディアは記事をつかむのが少し遅いと言えると思います。なぜなのか私には分かりません。この会場にいる人の意見に関心があります。記者の数が少ないのでしょうか。トルコとかサウジアラビアに記者がいるかどうかということです。エディターがカショギ氏を誰か分からなかったからなのか。この事件が持つ意味の理解が遅かったのではないか。日本の読者はこの話について関心がないということか。この点は、日本のメディアがどう答えていくべきか考えた方がいいと思います。

　結論として、日本のメディアは欧州、米国のカバレッジについては正確で偏り

Coverage of the Khashoggi Case

Asahi, page 1
Evening edition
16th October 2018

Thank you

@RobinBHarding

のない記事が多いと思います。素晴らしい仕事をしています。改善点としては、やはり海外において、どのような意味を持つかを深く理解し、早く日本の読者に伝えてほしいということです。

松本 ハーディングさん、ありがとうございました。日本のメディアの課題をお話しいただきましたが、関心がある分野が異なっているのではないか、という話もありました。今回の米中貿易戦争について、英国や欧州のメディアは関心を持って報道しているのでしょうか。

ハーディング そうですね。日本と同じように欧州ではあまり関心がないです。米国と中国は太平洋のすごく遠い所にあります。「貿易戦争がやりたいならどうぞ。私たちには関係がない」という反応が多いと思います。FTの1面にはいつも出ていますが、英国の新聞はそんなに大きく取り上げていません。ほかの欧州メディアも同じくらいだと思います。

松本 ありがとうございました。さて、日本のメディアは米中関係ではなく、世界で起きているさまざまな事象を報道しなければなりません。先ほどハーディングさんから海外でどういうことが起きているのか、その起きた事件や事故がどういう意味があるのかをもっと把握してほしいといったお話もありました。続いて、共同通信社の杉田特別編集委員に日本の報道の現状、また国際秩序に影響を与えている世界の事象について、お話しいただきたいと思います。よろしくお願いいたします。

米中問題の報道ぶりに疑問

杉田 ハーディングさん、ありがとうございます。大変耳が痛い指摘を受けました。ハーディングさんの話で素晴らしいと思ったのは、米中貿易摩擦について欧州はあまり関心がないのだということも正直に言っていただいたことです。遠い地域で起きたニュースにはどの国のメディアも関心が薄い。日本も欧州もそこは変わらない。ほっとしていいのか、残念だと思っていいのかよく分からないので

すが、ハーディングさんの日本メディアの国際報道に関する指摘はまさにその通りだと思います。つまりカショギ事件とか、あるいはその前に英国で起きたスクリパリというロシアの元工作員と娘さんが神経剤で襲われた暗殺未遂事件。これもカショギさんの事件と同じくらい悲惨な事件だと思いますが、やはり日本のメディアは報道の開始が遅れたし報道量が足りなかったと思います。遠い地域の出来事には反応が鈍い。

　今日は米中問題に絞った日本の報道ぶりについてお話しさせていただこうと思います。おおまかに言って皆さんも感じていらっしゃる通り、現在の米中関係の悪化に対する日本の反応には二つのグループがあります。日本の中で米中激突に対する反応の一つは経済界、財界の人々のものです。中西宏明経団連会長はトランプ大統領が貿易戦争を仕掛けることで「何を狙っているか正直理解できない」という率直なコメントをされている。経済界からすると、米中貿易戦争の結果、今のサプライチェーンである中国での製造継続が米国の追加関税で不利となるとなれば、中国経由でないサプライチェーンをもう一つ新たにつくらなければいけない、となります。これは日本の企業からすれば、大問題です。

　先ほどの柯隆さんによると、11月末にアルゼンチンで開かれる米中首脳会談で譲歩、合意があり得るとのことですが、いわゆるトランプ大統領の予測不能性の問題があります。本当に合意ができるのか、その合意がどれだけ長持ちするのか、などの不確定要素がどうしてもトランプにはある。もちろん合意ができる可能性もある。米中が貿易戦争だからサプライチェーンをもう一つ東南アジアにつくろうと努力しても、一気に合意してしまって、もう一つのサプライチェーンの努力が無駄に終わり、日本は中国でサプライチェーンを維持できる可能性もある。あるいは、最近話題になっているメキシコ、カナダとの新北米自由貿易協定（USMCA）には「市場経済以外の国とは自由貿易協定を結んではいけない」という条項が入っています。これと同じ条項が将来の日米自由貿易協定にも含まれる恐れがある。となると、中国と日本が今交渉をしている東アジア地域包括的経済連携（RCEP）は大丈夫なのか。米国が横やりを入れてつぶすのではないか。あるいは日米の協定に、日本の通貨政策への介入を意味する為替条項を米国は入れようとするのではないかなど、いろんな面で疑心暗鬼があり大混乱している。なので経済界、実業界の人はトランプの通商政策、あるいは対中政策に大変不満

というか、怒りを爆発させていると思います。

　もう一つのグループは安全保障をやっている人たちです。この人たちは、もろ手を挙げて賛成とはなかなか言えないわけですが、内心ではようやく米国が立ち上がってくれたと思っている。中国の南シナ海とか東シナ海での拡張的な軍事活動、軍事費全体の増強、威

杉田弘毅氏

圧的な外交政策に対しては米国しか歯止めがかけられない。その米国がようやく立ち上がってくれたという思いです。それは「虎の威を借りる」という表現がぴったりなのだけれど、安全保障グループはトランプ政権の対中政策を歓迎している。この二つのグループの考え方の間で日本のメディアも揺れていると思います。

　10月末に安倍晋三首相が訪中しましたが、共同通信を含めメディアは友好親善が大好きなので訪中結果を「良かったね」と評価しています。一方で保守派の新聞は辛口の社説論説あるいはコメントを載せています。つまり、中国の手の内に乗っかってしまうのは良くない、という視点です。保守系の論客や安全保障の専門家は10月にペンス米副大統領がワシントンで行った、中国に対する強硬姿勢を強調するスピーチとかも「待ってました」というのが本音でしょう。その結果「米中新冷戦」という言葉が日本の新聞の紙面で踊ることになる。ただ、「新冷戦の緊張は困る」というのが大方の日本人の感情でもあるので、「米中は和解をすべきだ」という主張を掲載する。ある意味、ページをめくるたびに、あるいは日を変えるたびに日本の違う顔がメディアで報じられるという感じで、読者にとってはある意味非常に分かりづらい報道になっていると思います。ただ、これは米中関係の複雑さ、日本の置かれた立場からして仕方がない面がある。

世界をリードする国は米国と中国どちらがいいか

　先ほどの基調講演で寺島さんが松本重治さんの「日中関係は米中関係」という言葉を使われていましたが、今はその傾向がさらに強い。日本としては米中が良くなっても、けんかしても困る。それがトランプ時代になってますます鮮明に表れてきて、その分日本のアイデンティティーの問題、つまり日本は米国が代表する「自由民主主義陣営」なのか、中国が代表する「アジアの国家群」なのかという問題が浮き彫りになっている。冷戦の時は、米国対ソ連だったけれど、今は中国だからより日本にとって関わりが深い。

　ただ国民感情的に言うと、圧倒的に日本人は米国派です。柯隆さんは残念かもしれませんが（笑）。米国と中国のどちらが信頼できるか、あるいは重要かという世論調査を「言論NPO」が毎年やっています。この調査によりますと「どちらが重要か」で米国を選んだ人は30.9％です。こんなものか、もうちょっとあってもいいかなという感じもします。ただ、中国を選んだ人は4.5％ですから大差がついている。米中どちらに親近感を持っているのかというと、日本人の46.9％が米国と答えています。中国に対しては4.6％ということで、これも大差です。

　しかし注目すべきは、この数字が少しずつ変わってきていることです。昨年（17年）は、「米国が中国より重要だ」という人が35％いました。それがわずか1年で30.9％にまで減ったのです。これは、トランプ登場で米国の負の面が出てきたのと、日中関係が改善傾向にあるということが理由だと思います。親近感の方も、1年前には「米国の方に親近感を持つ」人が50.5％いたのが、46.9％に減っている。中国により親近感を持つというのは1年前、3.9％だったのが4.6％に拡大した。トランプさんが出てきて米国が本当に頼りになるのか、日米関係が盤石かどうかよく分からなくなってきたということを国民も意識しているのでしょう。中国は軍事面で拡大傾向にありますが、政治・経済関係では改善が進んでいて、日本人の中国派の割合がだんだん増えてきている。中国から観光客がたくさん来ているということも理由の一つだろうと思います。

　「世界をリードする国は米国と中国どちらがいいですか」とずばり聞くと（二つ回答可）、米国が52.8％、中国は11.8％です。私は米国での記者生活が長いの

ですが、米国が世界のリーダーシップを握るべきだと考えている人が5割しかいないことに驚きます。これも1年前は、59％の人が米国にリーダーシップを握ってほしいと思っていたのが、わずか1年で大きく減って

沖縄県・尖閣諸島の南小島南東の領海内を、入り乱れるように航行する海上保安庁と中国海警局の船＝2013年9月（共同）

しまった。米国と中国の間に立つ日本人の感情が少しずつ中国側に寄っているというのが、こういった数字にも表れていると思います。

現象を切り取って報じているだけ

　メディアの問題で言うならば、ハーディングさんの指摘にもありましたが、国際ニュースでは表層的なことしか報道していないという指摘は甘んじて受けざるを得ない。周辺の国を驚かすような行動になぜその国が出るのかという理由を、記者がどれだけ理解できているかが問われている。中国が尖閣諸島に船を出してくるたびに、よく分からずになぜだと思い立腹するのは国民の素直な反応だと思いますが、記者の役割はそうした瞬発的な反応のレベルではなく、もっと踏み込んで中国側の狙い、主張、事情なりをそしゃくして、伝えていく必要があるのではないか。その上で「中国がやっていることはおかしい」ということであれば、十分批判すべきだと思います。

　中国について言うならば、先ほど柯隆さんの説明にありましたが、いろいろ無理が重なってきて、現状のような外国から見ると分かりにくく受け入れられない状態になったのだと思います。中国が強権的になっていることと対外的に強圧的になっていることというのは、ある意味、中国の弱さの表れという見方もできます。メディアとしては、そういったより深い分析、あるいは一歩引いた分析が必要だと思います。

　米国について言うならば、メディアの報道はトランプ大統領が誕生した、あるいはドイツのメルケル首相が退任する、英国がEUから離脱するといった大ニュ

ースを伝える中で、結局はポピュリズムはいやだ、警戒すべきだ、ということで終わっている。ポピュリズムというのはいわゆる現象です。「ポピュリズムがやって来た。大変だ」と警鐘を鳴らしても、メディアの仕事として本当にそこで止まっていいのかという問題があります。ポピュリズム現象が悪いというならば、なぜそのポピュリズムが起きたのかというところに踏み込んで、その原因をえぐり出して是正していく方向を示すような報道をしていかなければならない、と思います。

　ポピュリズムが駄目だと言っても、そのことは読者もよく分かっている。昔からポピュリズムは駄目だと言われている。だから今またそれを指摘するだけでとどまっているのであれば、ただ繰り返し循環するだけです。本当の問題、つまり格差、貧困、異文化摩擦、敵対する心理、政治家の悪弊などに触れずに、そこから放射する現象を切り取って報じているだけで終わってしまっている気がしています。

　米中貿易戦争は先ほど寺島さんもおっしゃった通り、本当のところは個人や産業データをどちらがたくさん握るかということだと思いますが、こういった面も切り込んだ報道ができていない。単に貿易戦争で赤字がどうとか、関税が25％になるか、10％になるかとか、その結果、世界経済がどれくらいマイナスになるかという表面的な話に終わっている。最前線で起きている部分をちゃんと報道できていないところがあります。そういう意味で、この米中貿易衝突というのは、日本のメディアにとっても非常にチャレンジングな仕事であると思います。こう並べて言うと、自らの非を顧みずに高みに立って批判しているだけのような言い方になってしまいますが、一つ一つやっていかなければいけないと自戒を込めて思います。

松本　杉田さん、ありがとうございました。一つ質問ですが、このところ「米中貿易戦争」においての日本の微妙な立場が繰り返し伝えられています。日本は米国と中国のどちらに付くのかという趣向を超えて、日米同盟を堅持しつつ、中国とも是々非々で付き合っていく「したたかさ」が必要なのではないかという論客のコメントを見ましたが、メディアとしてどうお考えになりますでしょうか。

杉田 「したたか」という言葉ほど論説なり社説に書きやすい言葉はない。筆者も具体的に何をやれと書けないけど、とりあえず「したたか」でいこうみたいな感じで記事を書くことが多いのです。具体的な解決策がない不安の中でもぐっすり眠るには、したたかに生きようという言葉を念じれば眠れるような、そんな意味だと思います。

　私は日本の針路に関して「したたか」あるいは「是々非々」ということに対して若干、疑問を持っています。よくシンガポールを見習えとか、中東のドバイみたいにやった方がいいよという声を聞きますが、それは米中の間を、したたかに、是々非々に立ち回ろうという意味だと思います。シンガポールのような小規模の国、強権的な国であればそれでもいいと思いますが、日本の場合、規模がかなり大きいということと、自由とか民主主義の価値観が日本人の背骨にある国なので、それがシンガポールと同じように行動しなさいというのは当てはまらないような気がします。私はメディアにいることもあるためですが、やはり自由の問題とか人権問題、民主主義の問題に敏感であるべきだと思います。是々非々で米中の間を課題ごとにくっついたり離れたりしながら、生きていけばいい、というような論には抵抗を感じています。

２．質疑応答

松本　ありがとうございました。ここからは本日参加いただきました会場の皆さまから事前にいただいた質問などを織り交ぜ、「米中激突、揺れる国際秩序」についてパネリストの方々と議論してまいりたいと思います。最初に三浦さんへの質問が来ています。50代の男性からで、トランプ米大統領の政策、TPP脱退などは米国の国益にプラスになるのでしょうか。

大型減税は経済史に残る業績

三浦　トランプ大統領の政策と大づかみに言うと難しいので、まずTPP脱退の方からお答えすると、決して米国のためにならないと言えます。ただ問題は、トランプ大統領はTPPで得られたもの以上のものを２国間交渉で得ようとしてい

税制改革法案に署名したトランプ米大統領＝2017年12月22日、ワシントン（ロイター＝共同）

る。つまり、「TPPから脱退しても、さらに大きな果実を得た」と言いたいということです。TPPをなぜ、あそこまで早く成立させなければいけなかったのかと言いますと、われわれの進出している経済圏で中国の経済的影響力があまりにも過大になる前にルールメーキングを進めていこう、あるいはそこにおける発展途上国の国内政治改革、国内経済改革を進めていこうという思惑があったわけです。時間をかければかけるほど、その当初の目的が果たしにくくなっていくということが言えると思います。2国間交渉の結果によって多少のマイナスはカバーされるかもしれないけれども、というところでしょうか。

　トランプ大統領の政策と言いますと、大きな固まりとしては経済政策と外交政策、安保政策が挙げられると思いますが、大型減税は経済史に残る業績と言って差し支えないだろうと思います。より大きなロングタームで影響を残すのは、税の考え方が変わってきているということです。かつてのローマ帝国におけるローマ市民は、特権的地位を持っていました。ローマ市民であることの権利のために、当初は自分で徴兵に行っていました。ただ米国企業であること、米国国民であることの特権が米国の相対的な地位低下によってだんだん少なくなっていくと、グローバル企業は本社機能を（英領）バミューダに移すというようなことになるわけです。従って、米国は再び自国民と自国企業を引き付けるために、かつての属人的な意味での課税方法から属地主義的な課税方法に軸足を移しつつあるのではないかと思います。

　どういうインプリケーションになるかというと、米国があれだけの巨大な市場、国内市場を生かして再び魅力を取り戻すような税制を考える。これは吉と出る可能性の方が高いと思っています。ただ、外交安保政策に関しては米国のソフトパワーを損ない、最終的な影響力を絞ってしまうのではないでしょうか。そこでも

「ただ」という言葉が付きます。今のところ、戦争をしないことが米国の最大の国益の一つであることは疑いがない。冷戦後の大統領の中では相対的に傷が浅かったクリントン、オバマと比べても、トランプはかなり傷が浅い大統領です。そういった意味では、評価されることに後世はなっていくのではないでしょうか。

松本 続いて、杉田さんに70代男性からの質問です。グローバリズムに背を向けるトランプ政権に対抗する勢力として、勢いがあると言われる民主党左派の人たちはどんな考え方なのでしょうか。

杉田 グローバリズムに対して背を向けているという意味では、共和党の人も、民主党左派の人たちも同じだと思います。言うならば、共和党の穏健派の人たちと民主党の穏健派の人たちで「グローバリズム党」という政党をつくって外交なり通商をやってもらい、「反グローバリズム党」というのを共和党右派の人たちと民主党左派の人たちでつくってもらい、その上で選挙をやってどちらの党が勝つか分かれば、外国から見て米国が国際協調に進むのか、一国主義なのかよく分かる。米中間選挙の分析も、日本にとってこの選挙の意味は何かというときに、共和党、民主党の勝ち負けと分析してもよく分からないが、グローバリズム党が勝ったのか負けたのかという軸で切るとより理解できると思います。ですので、民主党の左派の人たちについてはグローバリズムという意味ではあまり期待できないのかなと思います。

松本 次に、柯隆さんに70代男性から質問です。中国の対米関係の悪化は習近平体制にどのような影響を及ぼすのでしょうか。

米中貿易戦争の本当のきっかけは何か

柯 ありがとうございます。中国の政府高官、政治家の子どもたちのほとんどが米国に留学している事実があります。それから腐敗幹部の金融資産は米国に置いている。口では米国を批判しますが、本心では非常に重要なパートナーと考えているに違いない。日本語ではなぜか「米の国」と訳されていますが、「米国」を

全人代で憲法改正案の投票をする習近平国家主席＝2018年3月11日、北京の人民大会堂（共同）

中国語に訳すと美しい国「美国」と言います。習近平は本心ではトランプ政権とけんかしようとは思っていなかった。最初を読み間違って、トランプはそんなに仕掛けてこないと見ていたのです。

　この米中貿易戦争の本当のきっかけは何だったかの話が全く出ていなかったので、一言敷衍させていただきます。去年（2017年）の今ごろトランプ夫妻が訪中して、故宮博物院で京劇や北京オペラの鑑賞に招かれた。終わった後、ご夫人たちは寒かったのでどこかへ連れて行かれ、トランプと習近平が通訳だけ入れて30分くらい会談した。その時何を話したかというと、中国が2500億ドルの買い付けと直接投資する約束をした。当時の為替でいうと約28兆円です。トランプ大統領は"You are wise leader"「あなたはとても頭のいい指導者だ」と褒めて毎晩のようにツイッターでも同じようなことを書き、習近平は満足げににこにこしていた。中国人というのは性格的に批判されると硬くなってしまうが、褒められるとぐにゃっとなる。ナマコみたいなものです（笑）。どこで変わったかというと、今年の3月です。3月の全人代で何があったかというと憲法改正がありました。

　先ほど寺島さんの話に出てきましたが、ワシントンの左派の論客が「中国は発展すれば民主化していく」という命題を吹き込みます。これが信じられていたのに、いきなり（国家主席の）任期を撤廃されたら「いくら何でも」となった。それ以降、左派の論客の発言権が全く失われてしまい、一気にエスカレートして対中制裁などいろんな話が出てきました。ですから、貿易戦争あるいは報復関税は、若干トーンダウンするかもしれませんが、この対立は相当、長期化すると見ていいと思います。

松本　続いて、ハーディングさんに50代男性からの質問です。米中貿易戦争はま

だまだ続くと見ていますか。どれくらい続くと見ていますか。短期に終わるのか、それとも長期化すると思われますか。

ハーディング　ありがとうございます。3点答えます。ドナルド・トランプだから必ず取引（ディール）があります。しかしトランプの周りの人間、ライトハイザー米通商代表部（USTR）代表とかナバロ大統領補佐官（通商製造政策局長）、ロス商務長官は厳しい中国反対の立場なので、ディールがあっても貿易戦争は終わらないと思います。ほかの形で続くということです。最後の1点、トランプの前にはこのような貿易戦争の話がほとんどなかった。私はワシントンでオバマ政権のカバーをしましたが、貿易戦争の話はゼロです。

　トランプが交代するとこの貿易戦争は完全に終わりますか？　トランプの影響で世界は本当に変わってきたのでしょうか。杉田さんが指摘されたペンス副大統領のスピーチは大事だと思います。その中に貿易戦争だけではなく、全面対決のような米中の動きがあるので、トランプ政権の後にどのような世界が残るのかということは興味深い話です。

松本　三浦さんにお聞きしたいと思います。まず60代男性からの質問です。米国と中国は2国で太平洋を統治しようとしているように見えるが、本当のところ、米国は日本をどのように見ているのか。もはや冷戦時代の位置付けとは大きく異なっており、安倍政権が考えるような日米同盟は存在し得るのだろうか。もう一つの質問は70代男性からです。米中間の緊張摩擦が抜き差しならぬ段階まで迫り、かつ長期化することは日本にとって具体的にどんなメリット、デメリットが生じてくると考えられますか？

習近平には相当なストレスが掛かっている

三浦　二つとも非常に鋭いご質問だと思います。米国がどのように日本を見ているか。その米国というのが存在しづらくなってきているというのが現状だと思います。つまり、米国と言ったときに、われわれはニューヨーク的、ワシントン的な何かを思い浮かべていたわけですが、今、米国の中ではそういったエリートや

大都市に対する反乱が起きているとも言えるので、もはや米国がどういうふうな目線で日本を見ているのかが成立しにくくなってきています。

　米国は極東をどう見ているのか。日本に対するイメージはというと、経済的にはまだまだ成熟市場としての存在感が大きいわけですから、関心の対象であり、観光や文化的な消費対象でもあるというのはその通りです。しかし、中国がどんどん進出していく。経済面も含めて、進出していけばいくほど日本のお行儀の良さが目立ってくる効果はあるでしょう。でも、米国の田舎に住んでいる人からすると、私と柯さんの見分けはつかないわけです（笑）。私もつきません。そういう意味で言うと、外見が似ている人たちの中でどういう差があるのかは、今後イデオロギーではなく「素のナショナリズム」が強くなっていく時代においては、日中はごっちゃにされるのだろうと思っています。

　もう一つの質問ですが、日本にとってのメリット、デメリットで強調すべきは、米中の間でどちらかを選べと迫られることが日本の国益に著しく反するということです。このチョイスは、決して突き付けられてはならないものです。もともと私の専門は安全保障ですが、安全保障のコミュニティーの中では、私は最も米中対立を望んでいない人間です。というのは、私のもう一つの顔は株主であり経済人であるからです。そういう意味で、近視眼的に安全保障問題だけを見て中国に圧力をかけてくれとはなかなか思えない。ただ、ペンス演説などをかませることで中国をけん制する。トランプの取っている非常に乱暴なやり方ですが、中国の経済覇権に歯止めをかけていくことは危険なゲームではありますが、まあまあの成果を上げるのではないかと思っています。

　今後どういう成り行きになっていくのか。中国からすれば、米国に対するもろさをなるべく減らしたいと思うに決まっています。そうすると、中国は米国に依存しない経済圏をつくろうと、これからさらに水面下で頑張るのではないかと思います。米国の国益にとって長期的にプラスかどうかという問題に加え、われわれは米国の保護がない下で中国と経済的なやりとりをしていかなければいけない。自力で中国と向き合うのは日本にとって非常に辛いことで、それが日本国内における反中感情につながらなければいいというのが現状の見立てです。

松本　再び、柯隆さんに質問です。70代の女性からの質問です。中国は現在の硬

直した内政、外交政策を柔軟な路線に変更できるのでしょうか。それとも、変更せずに突進を続けるのでしょうか。

柯 非常に難しい質問をいただいて、どう答えたらいいか分かりませんが、少なくとも今の中国の国内情勢を踏まえれば非常に難しいと考えるべきだろうと思います。というのは、中国は今、ターニングポイント、転換点に差し掛かっていますが、方向性、方向感が見えてこないわけです。

「毛沢東時代に戻れない」と申し上げましたが、シンガポールを目指すにしても都市国家なので中国はなれないと思います。国内はどうなのか政治学者に聞くと「法治」「自由民主」の順番は、法治が先と言う。法治とは何かというと"the rule of law"。でも今年（18年）の憲法改正で"the rule of law"が、"the rule by law"に替えられた。すなわち、トップが法律でコントロールしようとするわけです。国内を厳しくコントロールすると反発が強いので非常に厳しい状況にある。その中で外圧がかかってきていて、トランプ大統領＝米国とぶつかり合うわけですから、国内ゲームの延長戦、あるいは米国とのゲームの国内への延長、相乗効果から今、習近平には相当なストレスが掛かっていると見ていいと思います。

松本 続いてハーディングさんに60代男性からの質問です。現状の米中関係もそうですが、トランプ大統領の米国ファースト政策が現在の全世界の経済、政治を混乱させている最大の原因だと思いますか。それとも世界に広がるポピュリズムが原因で起こるべくして起こっていると思われますか。

米国ファーストは原因ではなく病状

ハーディング 個人の意見ですが、トランプの米国ファーストもポピュリズムも、「原因」ではなく「病状」だということです。実際の原因はもっと深いと思います。柯隆さんが出された中国の成長図ですが、20年前には中国の経済はイタリアと同じくらいでしたが、すぐに米国のライバルになりました。まずグローバル化、そして自動化。米国や欧州、日本の人たちは以前の立場がなくなった気がしていると思います。ですので、これはすぐ終わる傾向ではないと思います。

松本 杉田さんに60代男性からの質問です。フェイクニュースと最近の国際情勢の変動は、どれくらい問題があるのでしょうか。プロパガンダ時代に逆戻りしていると言えるのでしょうか。

杉田 ありがとうございます。2016年の米大統領選の時にたくさんのフェイクニュースが流れて拡散し、結果、どのくらいの票が動いたかを、米国のいろいろな学者が調査した研究が幾つかあります。今のところ、フェイクニュースでヒラリー・クリントンは悪いやつだという印象が広がり、トランプが票を増やしたことは間違いないと思いますが、その結果、ヒラリーが落選したというところまで大量の票が動いたとまでは証明されていない。それほど大きな効果はなかったというのが、一般的に言われていることなのかなと思います。

　昨年（17年）の12月、ドイツで論文が出ました。これは日本の14年の総選挙でツイッター、それも機械仕掛けで発信されるツイッターがどれだけの政治メッセージを拡散し役割を果たしたのかをドイツの学者が調べたものです。それなりのことが日本でも既に起きている。ただ、フェイクニュースについては定義付けの問題、つまりフェイクニュースと政治家の演説の誇張、この違いはどこにあるのかといった問題もあります。政治家は自らの業績も誇張するが、相手候補の欠点も誇張します。昔から選挙では時にフェイクニュース的な虚偽情報が広がることはあった。だからフェイクニュースは定義が非常に難しくて、しかもこの選挙ではフェイクニュースがこう拡散して、その結果この人が当選したというような因果関係がはっきりしないところがある。国際的に選挙がフェイクニュースによって変わった例をきちんと調べ、統計的にまとめて対策を考えていこうという動きも出ています。

　宣伝工作はますます盛んで国際情勢の変動にも影響を与えていくと思います。よく言われますが、「日中友好」というのは中国側の日本人を甘い罠にかける宣伝工作ではないかという人もいて、「違います」とも「宣伝工作です」とも言い切れない。米国だって戦後の日本に対するジャズとか映画とか日本人を親米にするためにいろいろなことをやった。米国のそういうのは今の中国と比べるとはるかに大掛かりだったとも言える。「宣伝工作」は定義が難しいし、われわれはど

う対応すべきかということも答えが難しい問題だと思います。

松本 混迷の度合いが強まる国際情勢の中で、日本のメディアは複雑な現状を的確に分析、洞察できているのでしょうか。三浦さんにお伺いします。日本のメディアはバランス良く国際情勢を伝えていると思われますか。

徴用工、挺身隊訴訟でソウルの韓国最高裁に向かう原告ら＝2018年11月29日（共同）

三浦 先ほど褒められたので、あまり水を差したくないのですが、日本のメディアはどちらかというと地域的な偏りがあるということでしょうか。まず、米国がほとんど全てであり、反韓の観点から韓国に対する報道が非常に多い。一方、中東やアフリカは非常に乏しく、人口ではごくわずかな欧州の文化的存在感がすごく大きいということです。

　一つの飛び越えなければいけない壁ですが、日本人は自分たちが欧米人であるという感覚から、そろそろ脱却した方がいいのではないかと思います。そのうちカルチャーも変わってきます。街中で皆さんがブランドショップをご覧になると、広告の女性がみんなブロンドの女性だったり黒人だったりします。これは異常であって、そのうち、この前ちょっと問題になってしまった女優とか、中国人のタレントが出てくることになるでしょう。だんだんと欧米中心ではなくなることに対して、日本のメディアも対応しなければいけないのかな、と思います。

　韓国の報道について苦言を呈するとすれば、韓国の実態をあまり知らないのではないかと思います。この間、情報番組で韓国のIT系企業の社長が暴行をふるったというビデオを番組側が用意していました。徴用工判決の翌朝です。徴用工判決に触れ、暴行事件にも触れるというので、私は困ってしまいました。暴行事

件は、あまり徴用工判決と関係ないわけです。加えて、暴行したビデオは確かに刺激的でネタとしてはおいしいですが、それをすぐに文化へ還元させられないにもかかわらず、還元させるんです。そういった安易な視覚で報道していないでしょうか。

　徴用工判決に関して言うと、共同通信は若干、色合いが違った気もしていますが、ほとんど違わない。一番違ったのは東京新聞です。ほとんどの新聞が一様に驚きと憤慨、怒りで終わってしまっている。私は新聞に感情というものを求めていません。感情をさらけ出されても読者にとって得ではない。韓国でどうしてそういう判決が出たのだろうかとか、もう少し突き放した分析、リアリズムを持ったものをきちんと報道してほしかった。反トランプあるいは反韓国でもいいのですが、日本人が同じ報道に触れるとき、多様性のなさというかメディアの弱さが出る気がします。

松本　柯隆さんはいかがでしょうか。日本のメディアは米中関係や日中関係、国際情勢をバランスよく伝えていると思われますか。

日本に一番欠如しているのがシンクタンクの力

柯　私は中国の出身です。中国の言論統制を踏まえればあまり言うのは良くないので、情報のユーザーとしてコメントさせていただきます。

　メディアをどう定義するかによりますが、仕事柄、日経新聞を取っています。テレビはつけないようにしています。朝テレビをつけると、誰かが不倫をして浮気をしているとかばかりです。テレビはスカパーでBBCとCNNしか見ていないのが正直なところです。

　三浦先生から分析という話がありましたが、政策をサポートするのは誰なのかというと僕はシンクタンクだと思います。日本に一番欠如しているのがシンクタンクの力です。ペンス米副大統領がスピーチしたのはハドソン研究所という所でした。日本でもシンクタンクのきちんとした分析を踏まえ、それにメディア自身の分析を報道していけば、より厚みのある議論が出てきます。

　中国に関して一言申し上げると、日本の「中国崩壊論」「日中友好」「子々

孫々」「世世代代」といった報道は不気味な感じがします。自分の国ですから、なるべく影響されないよう少し距離を置いて皆さまに情報を発信しようとしています。もう少し平常心を持って私の国を見ていただきたい。それから杉田さんがおっしゃられた日本の中国感情ですが、体制が違うし、中国外交部の女性スポークスマンの態度が…。日本語に訳すと「なんで？」という感じがします。ここで私に親近感を感じていらっしゃる方は、40％以上いらっしゃると思いますが。

松本 杉田さん、お二人のお言葉を聞いていかがでしょうか。もう少し突き放したリアリティーのある分析が必要だと三浦さんがおっしゃいました。また、シンクタンクなどのサポートがもっと政府の上層に必要なのではないかと指摘がありました。それに対してコメントがありましたら。

杉田 柯隆さんは東京財団でご活躍ですが、シンクタンクと交流の場をつくるとか、官と離れた研究の場をつくるとか、いろんな役割があると思います。メディアも実は、そういう役割をやろうと思って、いろんな会議をしています。

日中はここ10年くらい非常に関係が悪かったのですが、官とは別の交流のチャンネルはずっと続いていた。そうした場で私なんかも政府関係が冷たい時代に中国側の人と議論すると「なるほど、そういうことだったのか」と中国の対日行動の狙いが理解できる。その意味でシンクタンクはすごく重要な役割があると思います。メディアも重要な役割を果たしていきたいと思いますが。

リアリティーのある報道に欠けるというのは、国際報道だけではなく国内報道も含めメディアが信用されていない一番大きな問題だと思います。伝統的なメディアにいる記者、あるいはフリーの記者にも限界があるわけです。本当のリアリティーの部分まで取材で追究していないことは私の取材経験でもありますし、日本の社会状況を悪化させている一つの原因になっています。

国際報道では多様性に欠ける問題があります。北朝鮮問題でトランプ米大統領が金正恩朝鮮労働党委員長と会うと2018年5月に発表した時、大方の日本のメディアは「拙速な首脳会談は慎むべきだ」と否定的でした。国際報道というのは本来もっと自由であるべきなのに、一色です。国内の問題であれば、憲法であれ、外国人労働者の問題であれ、いろんな意見があります。それをメディアがそのま

ま多様性を映して出す。ところが外交になると一色になってしまう。これは国際報道の大きな問題だと思っています。根底にあるのは、日本のメディアなので日本人を相手に、日本人の琴線に触れる記事を書く必要がある。言うならば、大きな意味でのナショナリズムというものを前提に、成り立っている仕事が国際報道であるためだろう、と思います。

ジャーナリズムの在り方とは

松本 杉田さん、ありがとうございました。そろそろ時間も迫ってまいりましたので、三浦さん、柯隆さん、そしてハーディングさんにも一言ずつ、「揺れる国際秩序」の中でメディアの在り方、ジャーナリズムの在り方について提言いただきたいと思います。三浦さんからお願いします。

三浦 戦後秩序は例外的なほど長期間の安定を日本に提供してくれましたが、「戦後レジームからの脱却」となぜか言ってしまった。これを英訳すると恐ろしい意味になるのですが、安倍政権の下、戦後かつてなかったような地殻変動が訪れようとしています。日本のメディアは状況が安定していると非常にいい分析をしますが、私も含め、ここにいる皆さまは戦後の人間なわけで、安定しか知らない中で書いてきた人たちが、これからどうやって不確実性の中で記事を書いていくのかが課題だと思っています。先ほど杉田さんがおっしゃったように、変化を恐れて消極的な捉え方をするのではなく、もう少し幅を広げながらやっていかなければいけないのかなと思います。私はメディアではないですが、書いていく人間として自戒の念を込めて思っています。今日はありがとうございました。

松本 柯隆さん、よろしくお願いします。

柯 言いたいことは全部言いましたが、日本は報道の自由のある国ですから、その自由を大切にしていただきたい。私もたまにテレビに出ますが、自由があるわけですから、緊張感を持って番組を作っていただきたい。ずっと不思議に思っているのは、なぜ全ての新聞が同じ日に休刊するのかです。別の日に休刊するなら、

もっといろんな新聞を取ります。そういう「横一列」をやめていただきたい。右左でも真ん中でもどちらでもいいのですが、ダイバーシティー（多様性）があった方が、われわれ読者、ユーザーにとって望ましいと思います。

松本 最後にハーディングさん、ジャーナリストの立場からメディアの在り方について提言をお願いします。

ハーディング 最後で光栄です。世界が速いスピードで変化しています。大きな動きが今、起きていますので、日本のメディアは自信を持って一生懸命取材し、読者がまだ関心がない事柄でも、もう少し頑張って関心を持たせるようにしてください、というのが私からのメッセージです。

司会 ありがとうございました。2時間にわたって「米中激突、揺れる国際秩序―問われるメディアの分析力・洞察力―」を議論してまいりました。多様化する世界の中で、メディアは複眼的な知恵を持つ必要があるということを、このパネルディスカッションの中でも強くメッセージとして伝えていただきました。コーディネーターの松本さん、そしてパネリストの皆さま、本当にとても中身の濃い、充実した時間をありがとうございました。それでは皆さま、いま一度、盛大な拍手をお願いします。ありがとうございました。

編集後記

日米関係は米中関係

倉沢章夫
公益財団法人 新聞通信調査会 編集長

　このシンポジウム「米中激突、揺れる国際秩序」は、これまでのシンポジウムと比較して参加者が特に多く、それだけ人々の関心が強いことを示していたのだと思う。米中の争いはどうなるのか、その間にあって日本の将来は、と懸念するのは当然のことだろう。しかもこの争いはどうやら長期にわたる見通しなのだから、なおさらだ。

　基調講演をお願いした寺島実郎氏は、さまざまな興味深いポイントを指摘してくれたが、中でも印象に残ったのは、われわれ通信社記者の先達でもある同盟OBの松本重治氏の言葉を引用して、「日米関係は米中関係」と述べられたことだ。日米関係は、米国と中国の関係によって揺さぶられる、という歴史的な教訓は現在でも確かに生きている。

　このところ、米国と中国の関係が貿易戦争などによってこじれる一方で、日中関係が好転しているのを見れば、それは首肯できよう。

　このほか、中国を本土単体としてではなく「グレーター・チャイナ（大中華圏）」として捉える見方、「ニュー・セブン・シスターズ」と呼ばれ始めたITビッグ7社の話、データを支配するものが全てを支配するデータリズム時代の意味、など教えられることが多かった。

　寺島氏の基調講演を受けたパネルディスカッションでも、パネリストそれぞれに興味深い論点を指摘していただいた。

編集後記

　三浦瑠麗氏は、トランプ大統領になって何が変わったのかを説明、政策自体に大きな変化はないのにレトリックがあまりに過激で不愉快なものが多いことがアメリカの分断をつくっていると指摘した。また海外の権益よりは自国の国防重視に傾くので必然的に海外から撤退傾向になり、同盟国にもっと防衛を分担してくれとなるだろうと語った。

　このシンポジウム後、トランプ政権は、内戦が長期化するシリアからの撤退を発表、これに反対したマティス国防長官が辞任する事態となった。三浦氏の指摘が的確だったことが示された形だ。

　一方、柯隆氏は、中国の習近平政権の現状を三つのわなにはまりつつあると説明、中所得国のわな、タキトゥスのわな、トゥキディデスのわな、の三つを挙げられた。面白い指摘だと受け止めた。この中で米中貿易戦争の理論的背景になるのがトゥキディデスのわなだ。覇権国家のアメリカに新興国の中国が挑戦する、すると戦争状態になっていくというものだ。柯氏は、中国の台頭に関して、「性急過ぎた」と述べられた。

　ジャーナリストのロビン・ハーディング氏は、日本のメディア報道についてどのように見ているかを語ってくれた。大きな政治記事はよくカバーされているが、海外の動きについては十分でないのではないかとし、その例としてサウジアラビアのカショギ記者殺害事件のカバーを挙げた。参考になる意見だったと思う。これに関連して同じくジャーナリストの杉田弘毅氏がバックグラウンドを詳しく説明してくれた。

　シンポジウム全体を通して満足のいく内容だったのではないかと自負している。

　最後に、コーディネーターを務め、円滑な進行をしていただいた松本真由美氏、シンポジウムの設営を委嘱した㈱共同通信社の方々に感謝を申し上げたい。

公益財団法人 新聞通信調査会 概要

名称	公益財団法人 新聞通信調査会
英文名称	Japan Press Research Institute（略称 JPRI）
設立年月日	1947年12月15日
公益法人移行	2009年12月24日
理事長	西沢　豊
役員等	理事14名（うち常勤2名）、監事2名（非常勤）、評議員21名
所在地	〒100―0011　東京都千代田区内幸町2―2―1（日本プレスセンタービル1階）

2019年1月1日現在

組織図

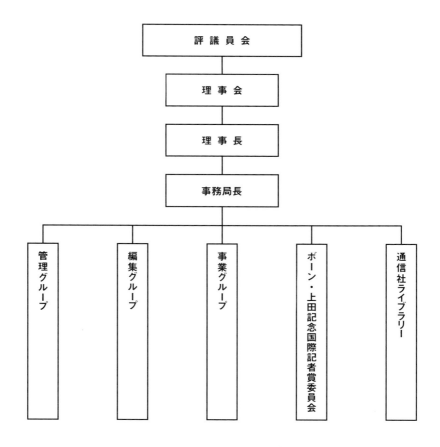

事業内容

講演会
原則として月1回開く定例講演会と、規模の大きい特別講演会を年2回、開催。ジャーナリスト、メディア研究者、文化人、現役記者らにホットな社会情勢、国際情勢をわかりやすく語ってもらう。講演概要は『メディア展望』に収録。入場無料。

シンポジウム
メディア界をめぐるさまざまな課題をテーマに毎年1、2回開催。ジャーナリスト、学者らをパネリストに招き討論する。事前に聴講希望者からの質問も募る。基調講演とパネルディスカッションは、それぞれ概要を『メディア展望』に収録するほか、詳細な内容は単行本にまとめている。入場無料。

世論調査
国内の5000人を対象にメディアの信頼度を調べる「メディアに関する国内世論調査」と米英仏中韓タイ6カ国の対日観などを調べる「海外における対日メディア世論調査」を毎年1回実施して公表。多くの新聞、放送、ネットで報じられ、引用されている。

メディア展望
メディアを取り巻く広範な課題についてジャーナリスト、専門家による論考記事を掲載する月刊誌。1963年発刊の『新聞通信調査会報』を2009年に改題した。毎月1日発行。全文を発行日以降、新聞通信調査会のホームページで読める。

写真展
「定点観測者としての通信社」シリーズの報道写真展を毎年開催。これまでに取り上げたテーマは「憲法と生きた戦後～施行70年」(2016年度)、「南極観測60年」(2017年度)、「平成の軌跡」(2018年度)など。毎回、図録も作成している。

ボーン・上田記念国際記者賞
報道を通じて国際理解に貢献したジャーナリストを表彰する1950年創設の年次賞。当時のUP通信副社長マイルズ・ボーンと同盟通信編集局長や電通社長を務めた上田碩三の名を冠した。

出版補助
出版の機会に恵まれない研究者やジャーナリストによる論文などの刊行を助成する事業で2015年度から開始。年1回、春から夏にかけて公募している。

通信社ライブラリー
戦前の同盟通信社や現在の共同通信社、時事通信社およびメディア関連の資料、書籍を所蔵する専門図書館。蔵書は約9000冊、資料は約2000点(2018年11月)。入場無料。一般に開放している。

デジタルアーカイブ
通信社ライブラリーが所蔵する同盟通信社の配信記事や資料などをインターネットに公開している。当財団のホームページから閲覧できる。

沿革

同盟通信本社が入居していた当時の市政会館

同盟通信社の編集局

1945年	同盟通信社解散。共同通信社と時事通信社が発足
1947年	同盟通信社解散に伴う清算事務完了後、残された資産などを基に財団法人通信社史刊行会として発足
1958年	『通信社史』刊行
1960年	財団法人新聞通信調査会と改称
1963年	『新聞通信調査会報』(現『メディア展望』)の発行開始
1976年	月例の定例講演会を開始
2008年	「メディアに関する全国世論調査」を開始
2009年	公益財団法人に移行
2010年	通信社ライブラリー開館
2012年	「定点観測者としての通信社」シリーズの写真展を開始
2013年	ボーン・上田記念国際記者賞の運営が日本新聞協会より移管
	シンポジウム「日中関係の針路とメディアの役割」を開催。シンポジウムはその後毎年開催
2015年	出版補助事業を開始
2017年	『挑戦する世界の通信社』刊行
2018年	デジタルアーカイブを開設

新聞通信調査会が出版した書籍

※は Amazon で販売中

書名	著者	出版年
通信社史	通信社史刊行会編	1958
障壁を破る　AP組合主義でロイターのヘゲモニーを打破	ケント・クーパー	1967
古野伊之助	古野伊之助伝記編集委員会	1970
国際報道と新聞	R・W・デズモンド	1983
国際報道の危機　上下	ジム・リクスタット共編	1983
アメリカの新聞倫理	ジョン・L・ハルテン	1984
国際報道の裏表	ジョナサン・フェンビー	1988
さらばフリート街	トニー・グレー	1991
放送界この20年　上下	大森幸男	1994
IT時代の報道著作権	中山信弘監修	2004
新聞の未来を展望する	面谷信監修	2006
在日外国特派員	チャールズ・ポメロイ総合編集	2007
岐路に立つ通信社		2009
新聞通信調査会報　CD-ROM（1963～2007年）		2009
日本発国際ニュースに関する研究	有山輝雄ほか	2009
ブレーキング・ニュース	AP通信社編	2011
関東大震災と東京の復興	新聞通信調査会編	2012
メディア環境の変化と国際報道	藤田博司ほか	2012
大震災・原発とメディアの役割		2013
日本からの情報発信※	有山輝雄ほか	2013
写真でつづる戦後日本史※	新聞通信調査会編	2013
東京の半世紀※	新聞通信調査会編	2014
日中関係の針路とメディアの役割	新聞通信調査会編	2014
ジャーナリズムの規範と倫理※	藤田博司・我孫子和夫	2014
2020東京五輪へ	新聞通信調査会編	2014
ジャーナリズムよ	藤田博司	2014
戦後70年※	新聞通信調査会編	2015

書名	著者	出版年
子どもたちの戦後70年※	新聞通信調査会編	2015
広がる格差とメディアの責務※	新聞通信調査会編	2016
報道写真が伝えた100年※	新聞通信調査会編	2016
コレクティヴ・ジャーナリズム※	章蓉	2017
プライバシー保護とメディアの在り方※	新聞通信調査会編	2017
憲法と生きた戦後※	新聞通信調査会編	2017
挑戦する世界の通信社※	「世界の通信社研究会」編	2017
南極観測60年※	新聞通信調査会編	2018
ポピュリズム政治にどう向き合うか※	新聞通信調査会編	2018
メディアに関する全国世論調査（第1回〜第10回）	新聞通信調査会編	2018
復刻版「同盟旬報・同盟時事月報」		2018
松方三郎とその時代※	田邊純	2018
NPOメディアが切り開くジャーナリズム※	立岩陽一郎	2018
人口急減社会で何が起きるのか※	新聞通信調査会編	2018
平成の軌跡※	新聞通信調査会編	2018

新聞通信調査会シリーズ（小冊子）

書名	著者	出版年
通信社の話	通信社史刊行会	1953
新聞組合主義の通信社のありかた	通信社史刊行会	1959
日本の新聞界と外国通信社	福岡誠一	1960
通信衛星の現状と将来	岸本康	1962
日本通信社小史（A short History of the News Agency in Japan）	古野伊之助	1963
世界の通信社	ユネスコ編	1964
アジア通信網の確立	吉田哲次郎	1968
物語・通信社史	岩永信吉	1974
新聞の名誉棄損　上下	日本新聞協会調査資料室編	1974
STORY OF JAPANESE NEWS AGENCIES	岩永信吉	1980

シンポジウム
米中激突、揺れる国際秩序
―問われるメディアの分析力・洞察力―

発行日　　2019年2月15日　初版第1刷発行

発行人　　西沢　豊
編集人　　倉沢章夫
発行所　　公益財団法人 新聞通信調査会
　　　　　〒100-0011
　　　　　東京都千代田区内幸町2-2-1　日本プレスセンタービル1階
　　　　　TEL　03-3593-1081（代表）　FAX　03-3593-1282
　　　　　URL　https://www.chosakai.gr.jp/

装丁　　　野津明子（böna）
写真　　　河野隆行（口絵、本文）、共同通信社（表紙、本文）
編集協力　株式会社共同通信社
印刷・製本　株式会社太平印刷社

・乱丁、落丁本は弊会までお送りください。送料弊会負担でお取り換えいたします。
・本書の無断転載・複写は、著作権法上禁じられています。本書のスキャン、デジタル化など
　の無断転載もこれに準じます。

ISBN978-4-907087-34-0
Ⓒ 公益財団法人 新聞通信調査会 2019 Printed in Japan